Marko Pogačnik

durch die Mitarbeit von Ana und Marika Pogačnik
Mit Engelbotschaften von Ana

BRASILIEN
EIN PFAD ZUM PARADIES

D1718111

edition ecorna

Titel der brasilianischen Ausgabe:
Brasil - uma trilha para o Paraiso
Uma publcação da Fundação Matutu

Die Deutsche Bibliothek - CIP-Einheitsaufnahme

Brasilien : ein Pfad zum Paradies / Pogačnik Marko.
Durch die Mitarb. von Ana und Marika Pogačnik.
Mit Engelbotschaften von Ana. - Ottersberg : Ed. ecorna, 2000
ISBN 3-9806835-1-6

Bestelladresse:
edition ecorna
Postfach 1228   D-28870 Ottersberg
Tel: 0049 (0) 4205 - 77 90 58
Fax: 0049 (0) 4205 - 77 90 59
e-mail: edition.ecorna@t-online.de

Zeichnungen: Marko Pogačnik
Fotos: Marika und Ana Pogačnik
Gestaltung und Satz: Tobias Flow und Bruno Thamm
Druck: Perspektiven Offsetdruck GmbH, Bremen
Printed in Germany
ISBN 3-9806835-1-6

Das Buch ist gewidmet
allen Frauen
und einigen ganz besonders

VORBEMERKUNG DES HERAUSGEBERS

Brasilien, was kennen wir von diesem Land ausser Samba, Karneval, Pélé und Zuckerhut?

Brasilien ist ein Land voller Gegensätze. Es ist das grösste Land Südamerikas und der fünftgrösste Staat der Erde. Brasilien ist mit 8.511.996 km^2 etwa 24mal so gross wie die Bundesrepublik Deutschland und gliedert sich in 26 Bundesstaaten. Etwa 90% der 161 Millionen Einwohner leben auf knapp einem Drittel der Landfläche, die meisten in den Grossstadtregionen an der Küste. Die Besiedlungsdichte beträgt landesweit jedoch nur 19 Einwohner/km^2. Die Atlantikküste hat eine Länge von 7400 km, die Grenzen betragen insgesamt 15700 km.

Die brasilianische Hauptstadt Brasilia wurde in den 50er Jahren in nur vier Jahren auf der zentralen Hochebene des Planalto Central von 50000 Arbeitern aus dem Boden gestampft und zählt heute zum Weltkulturerbe.

Die zwei grossen Flusssysteme des Amazonas und des Rio Paraná bestimmen den Süsswasserhaushalt des riesigen Landes. Der Amazonas ist mit 6518 km der zweitlängste Strom der Erde und umfasst mit seinen mehr als 200 Nebenflüssen ein Einzugsgebiet von 7 Mill. km^2. Das inselreiche Mündungsdelta ist 250 km breit.

Im Jahe 1500 landete der portugiesische Admiral Pedro Álvares Cabral an der Küste Brasiliens, das bis 1821 Kolonie blieb und dem portugiesischen König unterstand. Heute hat das Land eine demokratische Verfassung und trägt den Namen Vereinigte Staaten von Brasilien. Die Urbevölkerung umfasst nur noch etwa 270000, nach anderen Quellen 120000 Indios. Das Klima ist tropisch, im Süden subtropisch. Brasilien ist reich gesegnet mit Rohstoffen und landwirtschaftlichen Produkten wie Kaffee, Zuckerrohr und Baumwolle, aber auch Tropenholz.

Fast 90% der Bevölkerung bekennen sich zum katholischen Glauben in diesem grössten katholischen Land der Erde. Viele von ihnen sind zugleich Anhänger spiritueller und afrobrasilianischer Kulte.

Und was ist **Brasilien** wirklich? Gewährt es uns einen Einblick in seine tieferen Geheimnisse und seine Bedeutung für den ganzen Planeten? Sicher ist es nach der Lektüre dieses Buches eher zu verstehen, warum Brasilien im Untertitel als **ein Pfad zum Paradies** bezeichnet wird.

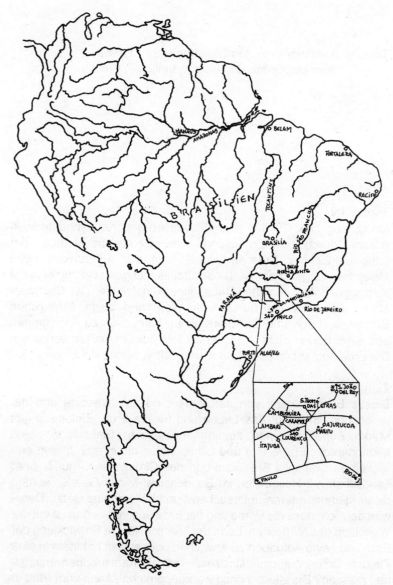

Südamerika und Brasilien und Cirquito das Águas

5

Titelbild: Kosmogramm des Gleichgewichts zwischen dem weiblichen und dem männlichen Prinzip.

Zum Autor

Marko Pogačnik, 1944 in Kranj/Slowenien geboren, ist heute weltbekannt durch viele Erdheilungswerke. Er hat die Methode der Lithopunktur der Erde entwickelt, die der Akupunktur beim Menschen vergleichbar ist. Diese Steinsetzungen sind zugleich mit Kosmogrammen versehene einmalige Kunstwerke. Der Bildhauer Marko Pogačnik hat durch sein Werk und seine zahlreichen Bücher, Vorträge und Seminare vielen Menschen zu Anregungen und einer neuen Sicht der Erde als lebendigem Wesen verholfen. Die Erde neu sehen aber heisst sich selbst verwandeln.

Zum Buch

Dieses Buch handelt von der Bedeutung des Wassers und der weiblichen Kräfte für das Leben und für die Erde. Einleitend gibt Marko Pogačnik einen zusammengefassten Einblick in seine Methoden der Erdheilung und Lithopunktur, die er seit Jahren entwickelt. Am Beispiel Brasiliens und des Cirquito das Águas, einer Landschaft mit Heilquellen im Bundesstaat Minas Gerais, werden diese Methoden dann untersuchend und heilend eingesetzt. Dabei wird deutlich, dass die Wandlung der Erde eng verbunden ist mit der Wandlung des Menschen. Lernt der Mensch, für die Entwicklung der Erde und seine Aufgaben zu erwachen oder schläft er hinein in eine Zukunft, deren Wandlungsprozesse ihm als Katastrophen erscheinen müssen? Brasilien - richtig wahrgenommen - kann zum Pfad in ein neues Paradies werden. Das kann uns alle tief berühren.

INHALT

EINFÜHRUNG

Nachdem wir mit meiner Frau Marika das Lithopunkturwerk für Brasilien im August 1998 abgeschlossen hatten, wurde ich von meinem Freund Franklin Frederick aus Rio de Janeiro aufgefordert, darüber ein Buch zu schreiben. Er hat in den letzten fünf Jahren mein Wirken in Brasilien organisiert, betreut und allseitig unterstützt. Er weiss sehr gut, wie wenig seine Landsleute die unsichtbaren Ausdehnungen ihres Landes kennen. Und wie könnte ein Akupunkturwerk für Brasilien auf allen Ebenen wirksam sein, wenn das unterstützende Bewußtsein der Menschen fehlt?

Das Buch ist in der Tat inzwischen erschienen, herausgegeben von der Stiftung Matutu, die uns auch Platz für unsere bildhauerische Arbeit am Projekt angeboten hat. Ich bin vor kurzem aus Brasilien zurückgekehrt, wo ich an sämtlichen Präsentationen in São Paulo und Rio de Janeiro teilgenommen habe.

Da ich jedoch das Manuskript in deutscher Sprache geschrieben habe - Christina Gehring-Brack aus Klagenfurt hat es anschliessend ins Portugiesische übersetzt - wurde ich von einem anderen Freund von mir, von Peter Vieweger, gefragt, ob ich es sinnvoll fände, das Buch auch in Deutschland erscheinen zu lassen. Dazu hat er den neu gegründeten Verlag Edition Ecorna angeboten, in dem schon das Buch "Licht des Herzens" mit Engelsbotschaften von meiner Tochter Ana herausgegeben worden ist.

Da ich keine Gelegenheit versäumen möchte, durch die mehr Wissen über die geistig-energetischen Dimensionen des irdischen Kosmos in unsere Kulturwelt einfliessen kann, habe ich sofort zugesagt. Dazu kommt, dass die Rolle Brasiliens immer wichtiger für die Erde als Ganzes wird und das Thema auch für andere Länder von Bedeutung ist.

Durch die zeitliche Verschiebung, die sich zwischen der

brasilianischen und der deutschen Ausgabe ergeben hat, ist sogar die erfreuliche Gelegenheit entstanden, den Text wesentlich ergänzen zu können. Wie bereits erwähnt, bin ich ein Jahr nach Abschluss der Arbeiten wieder in Brasilien gewesen und konnte schon einige Resultate des Werkes betrachten. Nun ist es mir möglich, sie mit einfliessen zu lassen, und so ist ein ganz neues Kapitel über die Bedeutung von Rio de Janeiro entstanden.

Ich bedanke mich bei IICA, dem Interamerikanischen Institut zur Förderung der Landwirtschaft, und besonders bei seinem Projektleiter Gertjan B. Beeckman für die allseitige Unterstützung und die Finanzierung des Lithopunkturprojektes Cirquito das Águas. Ich bedanke mich bei der Stiftung Matutu für ihren Beitrag zur Ausführung des Projektes und für die Erstveröffentlichung des Buches in Brasilien. Besonderer Dank gilt Christina Gehring-Brack, ihrem Mann Franz, Franklin Frederick und Peter Vieweger, die bei den verschiedenen Phasen der Textvorbereitung kreativ mitgewirkt haben.

Die meisten Fotos stammen von meiner Frau Marika. Sie sind während unseres gemeinsamen Meisselns an den Lithopunktursäulen entstanden. Ich danke ihr und auch unserer Tochter Ana, die durch ihre Zusammenarbeit mit der Engelwelt einige entscheidende Einblicke in die Geheimnisse Brasiliens beigesteuert hat.

Letztlich Dank an Peter Vieweger, durch dessen vielschichtigen Einsatz wir das Buch in seiner neuen Gestalt geniessen können. Glückliche Reise!

Marko Pogačnik
Sempas, am 19. Dezember 1999

LITHOPUNKTUR - EINFÜHRUNG IN EINE METHODE DER ERDHEILUNG

Ich möchte in diesem Buch die Geschichte eines Erdheilungswerks erzählen, das ich gemeinsam mit meiner Frau Marika und mit Hilfe unserer Tochter Ana in Brasilien durchgeführt habe. Nachdem wir Brasilien schon über einige Jahre hin immer wieder besucht hatten und dabei sowohl sakrale Orte als auch den Alltag dieses Landes kennengelernt und seine Freuden und Leiden wahrgenommen hatten, wurden wir 1998 eingeladen, an bestimmten Punkten Akupunkturnadeln anzubringen, um dem Land einen neuen Impuls zu geben.

Hier stellt sich gleich die Frage: Akupunktur für ein Land, das so riesige Ausmaße hat wie Brasilien? Es ist gut vorstellbar, dass Akupunkturnadeln auf dem leicht überschaubaren menschlichen Körper eingesetzt werden können - aber würden die kleinen Nadeln in der unüberschaubaren Weite der Landschaft nicht einfach "verlorengehen"?

Durch die Idee der Landschaftsheilung herausgefordert, habe ich Mitte der 8Oer Jahre eine Art "Erdakupunktur" entwickelt, bei der ich bis zu zwei Meter hohe "Steinnadeln" an bestimmten Punkten der Landschaft einsetzte. Ich nannte diese Methode "Lithopunktur" (griech. lithos = Stein), was also heißt: Akupunktur der Landschaft durch Steinsetzungen.

Die Inspiration, Lithopunktur zu entwickeln, kam mir, nachdem ich schon mehrere Jahre nach Wegen gesucht hatte, wie die Kunst in der gegenwärtigen ökologischen Krise konkret helfen könnte. Als Künstler konnte ich nicht einfach hinnehmen, dass die Lebensqualität um mich herum durch Missachtung der Erde und der Natur immer mehr ruiniert wurde. Auch war ich nicht einverstanden mit der Rolle des Künstlers als eines stillen Beobachters des Verfalls. Bloß dagegen zu protestieren war mir nicht genug. Erst durch die

Akupunktur der Erde bekam ich das Gefühl, etwas Wirkungsvolles für die Gesundung der Erde tun zu können. Hier taucht gleich eine nächste Frage auf: Wie kann man behaupten, es sei für die Heilung der Erde etwas Praktisches getan worden, wenn man einzelne Steine in der Landschaft aufstellt?

Um die Wirkung der Lithopunktur verstehen zu können, muss man wissen, dass die Landschaft nicht nur ein stofflicher Organismus ist, sondern auch eine feinstoffliche Dimension aufweist. Diese subtile Dimension ist aus Kraftfeldern zusammengesetzt, aus Kraftzentren und Kraftbahnen. Ich nenne sie "vital-energetische Dimension" oder "Ebene der Lebenskraft". Sie repräsentiert die Kräfte des Lebens, die sich, aus der Erdtiefe quellend, über die ganze Erde ergießen und alle Lebewesen - den Menschen eingeschlossen - mit der Qualität "Leben" beschenken.

Man kann sich also zwar vorstellen, dass die Landschaft, die wir um uns herum wahrnehmen, nur ein materieller Körper ist, so wie der blosse physische Körper des Menschen; dieser Körper wäre jedoch nicht lebendig, wäre er nicht von einem vitalen ("bio-energetischen", "vital-energetischen" oder "ätherischen") Kraftfeld durchdrungen, das wir einfach "Leben" nennen.

Beim Menschen handelt es sich dabei um verschiedene Kraftfelder, die seinen Körper umgeben und durchdringen und "Aura" genannt werden. Dazu gehören auch die "Chakren", einzelne Kraftzentren, die im und über den gesamten Körper verteilt sind und wichtige Funktionen ausüben. Sie ziehen zunächst aus dem kosmischen oder irdischen Umfeld diejenigen Kräfte und Informationen an, die der Mensch für sein mehrschichtiges Leben braucht. In einer zweiten Phase ihrer Tätigkeit stimmen sie die von aussen geholten Kräfte auf die Schwingungsqualität des menschlichen Körpers ein, um sie dann in der dritten Phase an die unter-

schiedlichen Aurafelder weiterzugeben.
Die Aurafelder des Menschen entsprechen den Ätherfeldern der Landschaft. Sie sind aus vier Äthern komponiert, aus wässrigem, feurigem, irdischem und luftigem Äther. Die Chakren beim Menschen entsprechen den sogenannten "Kraftplätzen" oder "Kraftzentren" der Erde. Ich nenne sie auch "vital-energetische Zentren". So wie die Chakren beim Menschen konzentrieren sie die Kräfte aus der Erdtiefe und der kosmischen Umgebung und strahlen oder gießen sie in die umliegende Landschaft aus.

MATERIELLE EBENE	
MATERIELLER KÖRPER	LANDSCHAFTSFORMEN
VITAL-ENERGETISCHE EBENE	
1. AURAFELDER	1. ÄTHERFELDER
2. CHAKREN	2. KRAFTZENTREN
3. AKUPUNKTUR-MERIDIANE	3. LEYLINIEN
MENSCH	LANDSCHAFT

Abbildung 1: *Vergleich zwischen Mensch und Landschaft*

Wollen wir den Vergleich zwischen Mensch und Landschaft auf der vital-energetischen Ebene abrunden, so müssen wir noch die sogenannten Akupunkturmeridiane näher betrachten. Man kann sie als dünne Lichtkanäle beschreiben, die einer bestimmten Bahn durch den menschlichen Körper folgen und dabei verschiedene Organe und Körperfunktionen mit Lebenskraft versorgen.

Die Akupunkturmeridiane sind beim Menschen dünn wie ein Haar, in der Landschaft sind sie entsprechend breiter. Sie haben einen Durchmesser von fünf bis acht Meter und werden gewöhnlich Leylinien genannt.

Eine solche Leylinie ist nach meiner Wahrnehmung aus drei Komponenten zusammengesetzt: aus einer zentralen Ader, die die Lebenskraft trägt, aus mehreren Ketten von Kraftwirbeln und aus einer Lichthülle, die die Leylinie umgibt. Die Kraftwirbel sind in mehreren parallel zueinander verlaufenden Ketten organisiert, die nach dem Plus-Minus-Prinzip polarisiert sind. Sie erfüllen die Aufgabe, die Lebenskraft aus der zentralen Ader an die umliegende Landschaft zu verteilen und anschliessend wieder in das Zentrum der Kraftbahn zu ziehen, wo sie regeneriert werden (siehe Abbildung 2).

Diese etwas "kopflastigen" Beschreibungen waren nötig, um zu erklären, wie die Akupunktur der Erde, die Lithopunktur, wirkt. So wie beim menschlichen Körper die Akupunkturnadel in den Strom eines Akupunkturmeridians eingebracht wird, so wird in unserem Falle eine Lithopunktursäule in den Strom einer Leylinie gesetzt. Die Auswirkungen sind in beiden Fällen ähnlich.

Die Akupunkturnadel ist imstande, das Strömen der Lebenskraft im Meridian zu beschleunigen oder auszubalancieren. Ähnlich kann ein Lithopunkturstein belebend oder ausgleichend auf den Strom einer Leylinie wirken.

Betrachten wir die Wirkung eines Lithopunktursteines am Beispiel der Landschaft, für die unser Lithopunkturprojekt in Brasilien entwickelt wurde: den Circuito das Águas im Süden des Staates Minas Gerais.

Abbildung 2: Leyline

Das Gebiet um den Circuito das Águas war einmal eine aus-
gesprochen starke Landschaft, gekennzeichnet durch
Geysire, große Sümpfe und Wälder auf einem durch alte vul-
kanische Aktivität geprägten Boden, der die Entstehung der
zahlreichen Mineralwasserquellen begünstigte. Im Zuge der
Besiedlung jedoch wurden die Wälder gerodet, Sümpfe

trockengelegt und die Quellen zur menschlichen Nutzung eingefasst. Man hat das Land durch Strassen zerstückelt und grosse Städte gebaut. Die Industrie kam dazu, Hochspannungsleitungen, alles wurde von Radiowellen durchzogen und vielen weiteren Störungen. Es ist klar, dass die Lebenskraft der Natur dadurch sinkt und die Lebensqualität schrumpft. Die Landschaft wird immer mehr von den Entscheidungen des Menschen abhängig, der jedoch in seiner Egozentrik zuallererst an die eigenen Interessen denkt und weniger daran, die Lebensfähigkeit der Erde und der Natur zu erhalten. Unter diesen Bedingungen werden auch die ätherischen Kraftfelder der Landschaft geschwächt. Die Leylinien werden zäh und dünn, oft haben sie nur noch einen Durchmesser von drei bis vier Metern. Das Leben wird dadurch aufs äusserste gefährdet. - Was kann man dagegen tun? In den letzten Jahren versucht man in steigendem Masse, die verbliebenen Reste der freien Natur zu schonen und ökologische Vorschriften zu verschärfen. Das kann helfen, die Talfahrt zu bremsen. Aber wie könnte man der Landschaft ihre ursprüngliche Lebensqualität wiedergeben, um die Lebensfähigkeit der Erde zu sichern? - Lithopunktur versucht, eine dahingehende Möglichkeit zu demonstrieren. Ich gehe dabei so vor, dass ich zunächst im Bereich der geschwächten Landschaft nach Leylinien suche, die die Landschaft mit Lebenskraft speisen. Um eine Vorstellung ihrer Dichte in der Landschaft zu vermitteln, würde ich sagen, dass ein Bereich von zehn mal zehn Kilometern von mindestens einer Leylinie durchquert wird. Dann stelle ich den Akupunkturstein in der Mitte des wirbelnden Stromes der Leylinie auf und richte ihn so aus, dass er in Resonanz mit den Kraftwirbeln der Leylinie kommt. Ist einmal die Resonanzbrücke zwischen dem stehenden Stein und der Leylinie errichtet, so ist seine Einwirkung auf den Kraftstrom gesichert. Die positive Auswirkung des Lithopunktursteines kann man nach einiger Zeit daran erkennen, dass die Leylinie breiter und nach aussen hin offener wird. Dadurch wiederum ist ein stärkerer Einfluss der Leylinie auf die Lebenskraftfelder der Landschaft gewährleistet.

DIE ERDE ALS EIN MEHRSCHICHTIGES WESEN

Es ist nun an der Zeit, dass wir uns eine generelle Frage stellen: Worüber rede ich da eigentlich? Gibt es diese verschiedenen "feinstofflichen" Erscheinungen der Landschaft und des Menschen überhaupt, oder sind das blosse Phantasiegebilde?
Um dies beantworten zu können, muss ich kurz auf die Entwicklung des Wesens Mensch eingehen, eine Entwicklung, die uns schon vor Jahrtausenden von der engen Verbundenheit mit der Erde und der Natur weggeführt hat.
Der Mensch hat sich aus der Einheit mit der irdischen Schöpfung immer mehr herausgelöst, sodass wir heute auf diesem Weg der Entfremdung schon so weit fortgeschritten sind, dass wir als Zivilisation beinahe unabhängig sind von der Natur. Ich denke hier etwa an die Kernspaltung, an die Möglichkeiten der Genmanipulation oder an die Raumfahrttechnologie. Dabei meine ich keineswegs, dass diese Entwicklung falsch war, sie hat uns einiges Gute gebracht:
- Wir haben gelernt, selbständig zu denken.
- Wir haben eine fast grenzenlose schöpferische Freiheit kennengelernt, von der der Urmensch nicht einmal träumen konnte.
- Wir sind selbständige, auf das eigene Ich gegründete Wesenheiten geworden.

Wenn wir also auch als Menschen durch die Entfremdung von der Erde und der Natur Wichtiges gelernt haben, so müssen wir doch auch einsehen, dass wir zugleich viel Kostbares verloren haben. Nicht nur das beglückende Gefühl der Einheit mit der Mutter Erde ist uns verlorengegangen, sondern auch unsere Fähigkeit, Erde und Natur "von innen her" wahrzunehmen. Der Reichtum ihrer Kraftbahnen, Zentren und Kraftfelder, die Schönheit ihrer Lichterscheinungen und geistigen Wesenheiten sind für uns unsichtbar geworden.

Unsere Wahrnehmung ist im Laufe der Entwicklung so stumpf geworden, dass wir nach meiner Schätzung vielleicht noch sechs Prozent von dem wahrnehmen, was die Ganzheit der Erdennatur ausmacht. Wenn wir aus unserer isolierten Position heraus etwa auf einen Baum blicken, so nehmen wir ihn ähnlich wahr, als würden wir einem fremden Menschen auf der Strasse begegnen. Wir sehen nur seine äussere Gestalt, wissen aber nichts über seine Gedanken, Empfindungen, seine Kräfte, wissen nichts über seine Träume und seine Seele.

Was ich seit dreissig Jahren versuche, ist, aus meiner menschlichen Isoliertheit herauszutreten, mich den verschiedenen Schichten von Erde und Natur zu öffnen und ihre vergessenen Dimensionen von neuem wahrzunehmen.

Ich beobachte zuerst die Reaktionen meiner Hände und meines ganzen Körpers auf unsichtbare Phänomene. Wenn ich z. B. durch die Landschaft gehe, lausche ich auf feine Unterschiede bei den Übergängen von einem Kraftfeld zum anderen. Unterschiedliche Reaktionen der Hände zeigen mir, dass es sich um verschiedene Kraftphänomene handelt. So habe ich mit der Zeit ein ganzes Alphabet entwickelt, mit dessen Hilfe ich verschiedene Körperreaktionen deuten kann.

Zweitens beobachte ich meine Gefühlsreaktionen auf verschiedene unsichtbare Phänomene. Ich stimme mich z. B. auf einen Platz ein, schliesse meine Augen und lasse den Ort mit seinen Gefühlsqualitäten auf mich wirken. Dadurch werden in mir gewisse Empfindungen wach, die darüber hinaus dazu tendieren, sich zu inneren Bildern und Symbolen zu verdichten. Die so entstandenen Bilder und Symbole kann man zuletzt deuten und verstandesmässig einordnen. Die dritte Möglichkeit ist das innere Gespräch. Stimmt man sich liebevoll und geduldig auf einen Ort oder eine Landschaft ein, so kommt es oft nach einer gewissen Zeit zu Rückmeldungen des "Partners", sodass sich eine Art unhörbarer Kommunikation ergibt. Wenn man bedenkt, dass Bäume, Orte und Landschaften ebenso wie der Mensch mit Bewusstsein durchdrungen sind, müsste auch die Vorstellung akzeptabel sein, dass man mit ihnen in ein Gespräch eintreten kann.

Ein solches Gespräch ermöglicht mir, in einen intimen Kontakt mit der Landschaft zu kommen und einiges über die verborgenen Geheimnisse der Erde und der Natur in Erfahrung zu bringen. Auch viele meiner Einsichten zum Wesen Brasiliens stammen aus dieser innigen Beziehung zum Geist des Landes.

Wahrnehmung und Kommunikation sind jedoch nicht die einzigen Mittel, die ich bei der Entschlüsselung einer Landschaft benütze. Ich orientiere mich auch an den Überlieferungen der alten Kulturen, die das Geheimnis der unsichtbaren Dimensionen der Erde und des Universums noch gekannt haben. Aus dem Studium ihrer Werke kann man vielerlei lernen. Bestimmte Stein-Denkmäler etwa zeugen davon, dass manche der indianischen Kulturen um die (der Akupunktur ähnliche) Wirksamkeit der stehenden Steine wussten. Auch die Megalith-Kultur hat in verschiedenen Ländern Europas viele derartige Steinsetzungen hinterlassen, die offensichtlich eine bestimmte Rolle in der Ganzheit der Landschaft spielten.

Es gibt aber noch eine weitere Informationsquelle, mit der ich bei meinen Erdheilungsprojekten rechnen kann. Es handelt sich um Botschaften aus der Engelwelt, die zwei meiner Töchter, Ana Pogačnik und Ajra Miška, empfangen. Beide haben bei verschiedenen meiner Projekte mitgearbeitet und haben auch selbst schon Bücher publiziert. Was ist hier mit dem Ausdruck "Engelwelt" gemeint? Gewiss nicht die rosigen geflügelten Kinderchen, die wir aus den Kirchen kennen. Mit der Engelwelt meine ich das universelle Bewusstsein, das die gesamten Erinnerungen des Kosmos mit all seinen unzähligen Sonnensystemen und Evolutionen gespeichert in sich trägt. Die ewige Weisheit und andere göttliche Fähigkeiten werden durch die Engelwelt verkörpert und an diejenigen weitergegeben, die sich danach sehnen. Die Engelwelt repräsentiert das universelle Bewusstsein, das jedes Atom, jedes Lebewesen und auch den Menschen durchdringt und an die Sphäre des göttlichen Seins angeschlossen hält.

Ist der Mensch Teil dieses universellen Bewusstseins, so ist offensichtlich auch ihm die Möglichkeit gegeben, daraus Wissen und Information zu schöpfen. Das geschieht auch andauernd, nur sind wir uns der Quelle, aus der wir schöpfen, nicht bewusst, denn die Teilhabe am Gesamtbewusstsein vollzieht sich gewöhnlich durch Träume oder Intuitionen, die plötzlich in unserem Bewusstsein aufleuchten. In jeder Epoche gab es aber auch einzelne Menschen, die fähig waren, bei vollem Bewusstsein mit jener Quelle des universellen Wissens zu kommunizieren und Informationen daraus zu schöpfen. Zu ihnen gehören auch meine beiden Töchter, und ich bin glücklich, durch sie aus dem Speicher des universellen Bewusstseins , d. h. der Engelwelt, Informationen erhalten zu können, die mir erlauben, in voller Sicherheit das Werk der Erdheilung anzugehen.

DIE LEBENDIGE SPRACHE DER URMUSTER

Aus meiner bisherigen Darstellung geht schon hervor, dass die Mehrdimensionalität der Landschaft nicht nur die materielle und die ätherische (vital-energetische) Ebene umfasst, sondern noch einige weitere Dimensionen. In diesem Kapitel soll nun v.a. die Dimension des Bewusstseins zur Sprache kommen, die man mit der emotionalen Ebene beim Menschen vergleichen kann.

Hier denke ich allerdings nicht an das oben charakterisierte universelle Bewusstsein, das den ganzen Kosmos durchdringt, sondern an das spezifische Bewusstsein der Erde, das die alten Kulturen als "Mutter Erde" angesprochen haben und für das wir heute den griechischen Namen für die Göttin der Erde, "Gaia" oder "Gea" gebrauchen.

Das Bewusstsein des Planeten Erde ist etwas Wundervolles. Wie schade, dass der Mensch seine natürliche Beziehung zu ihm fast vollkommen verloren hat! Als Folge davon sind wir in unserem Ego-Zentrismus so weit gekommen, dass wir nun meinen, wir Menschen seien die einzigen Wesen, die ein Selbst-Bewusstsein besitzen und dabei übersehen, dass wir von unzähligen Formen von Bewusstsein umgeben sind.

Das Bewusstsein der Mutter Erde ist grundsätzlich aus mehreren Ebenen komponiert. Die tiefste ist die Ebene der Urmuster, wo die Archetypen gespeichert sind, nach denen das ganze Leben des Planeten gesteuert und in seinen Bahnen gehalten wird. Diese Ebene kann mit dem Unterbewusstsein des Menschen verglichen werden.

Was wir beim Menschen als Wachbewusstsein kennen, zeigt sich bei der Erde in Form von Elementarwesen und Naturgeistern. Sie sind mit den Gedanken und Gefühlen beim Menschen vergleichbar.

Die Zwerge, Feen und Nymphen sind also nicht menschenähnliche Wesen, wie wir sie aus den Märchen kennen.

Sie sind die Träger und Bewahrer des Bewusstseins der Mutter Erde. Ich nehme sie als Lichtkörper wahr, die einen bestimmten Intelligenzfunken in sich tragen und dadurch auch eine bestimmte Aufgabe innerhalb des Erdorganismus erfüllen können. Die Märchengestalten der verschiedenen Kulturüberlieferungen sind Symbole für diese Lichtwesenheiten und ihre Aufgaben.

Abbildung 3: *Geist der Baumwolle, Paracas-Kultur (Peru, 700 - 200 v. Chr.)*

Ein Zwerg wäre nach meiner Erfahrung eine Bewusstseinszelle, die für die wohlproportionierte Durchdringung der Erdschichten mit Lebenskraft sorgt. Eine Fee wäre ein individualisierter Aspekt des Gesamtbewusstseins der Erde, der für das Wohl eines bestimmten Raumes mit seinem ganzen Ambiente Sorge trägt. Des weiteren gibt es Naturgeister, die einzelne Pflanzenarten betreuen oder einzelne Bäume beseelen. Die Vielfalt der

Elementarwesen ist kaum zu beschreiben. Da die Elementarwesen keinen statischen Körper haben und dadurch auch keine fixe Gestalt, wurden sie von verschiedenen Kulturen sehr unterschiedlich wahrgenommen und dargestellt. Ihre Darstellung erfolgte immer im Spiegel der Formen der jeweiligen Kultur. Dafür mögen drei Zeichnungen als Beispiele dienen (siehe Abbildungen 3,4 und 5).

Abbildung 4: *Ein Baumgeist, dargestellt durch die mittelalterliche Kultur Europas*

Man könnte sagen, dass sich die Elementarwesen in ihrer Form der jeweiligen Ästhetik der Kultur angeglichen haben, mit der sie kommunizierten. So sind sie etwa in Amerika bis heute so geblieben, wie sie sich der Sichtweise der indianischen Kultur durch den Verkehr mit ihr angepasst haben. Aber im Grunde sind die Formen der Elementarwesen nicht so wichtig; wichtig ist die Funktion,die sie innerhalb der Natur und der Landschaft ausüben.

Wie kann nun diese komplexe, aus unzähligen Einzelzellen komponierte Intelligenz der Erde als einheitliches Bewusstsein wirken? Mit Hilfe der tiefsten Ebene des Erdbewusstseins, die ich mit dem Unterbewusstsein beim Menschen verglichen habe, der Ebene der Archetypen. Von ihr her erhalten die Elementarwesen das gesamte Wissen, das sie für ihre Tätigkeit brauchen, von ihr gehen die steuernden Impulse aus.

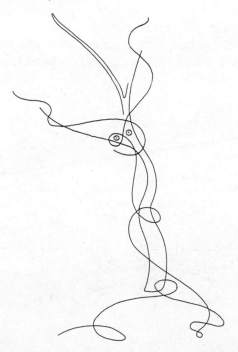

Abbildung 5: *Ein Baumgeist, gesehen und gezeichnet von mir, 1993*

Um diese mitteilen zu können, gebraucht die Erde eine besondere bildhafte Sprache, die ich die "Sprache der Kosmogramme" nenne.

Kosmogramme sind in Formen übersetzte Urmuster, wobei es nicht so wichtig ist, ob diese Formen einen geometrischen oder symbolischen Charakter aufweisen. Wichtig ist, dass sie eindeutig in Beziehung zum entsprechenden Urbild (Archetyp) stehen. Nur unter dieser Bedingung können sie eine universelle Sprache darstellen, durch die alle Welten, Ebenen und Wesenheiten, die in die Lebensprozesse unseres Kosmos eingewoben sind, miteinander kommunizieren können.

Ein Beispiel für die Bildersprache der Erde sind die "Kornkreise", die in den letzten Jahren weltweit aufgetaucht sind. Sie weisen einen erstaunlich hohen Grad an geometrischer Präzision auf.

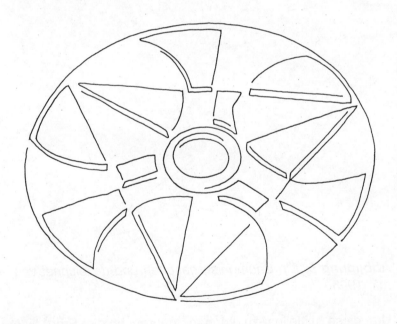

Abbildung 6: *Ein Kosmogramm der Erde im Getreidefeld (England 1997)*

Die Kornkreise kommen dadurch zustande, dass die Getreidehalme in einem blitzschnell verlaufenden Vorgang von innen her (d.h. durch einen biologischen Prozess) so stark gekrümmt werden, dass sie sich, einem bestimmten Muster folgend, nebeneinander auf die Erdoberfläche legen. Auf diese Weise entsteht ein Zeichen, dessen Formen man besonders an den stehengebliebenen Halmen gut erkennen kann.

Auch ich gebrauche bei meinen Akupunkturprojekten die Sprache der Kosmogramme, um die Wirkung der Lithopuntursteine auch auf die Bewusstseinsebene der Landschaft auszudehnen. Hätten die Steine Einfluss nur auf der Kraftebene, wäre ihre Wirkung viel zu gering.

Ich gestalte jedes Kosmogramm speziell für den Ort, für den es gebraucht wird. Dazu vertiefe ich mich in die Individualität des Ortes und suche ihn in seinem innersten Wesen zu erkennen. Aus diesem Prozess heraus werden Intuitionen geboren, die mir helfen, die richtige Form für das Kosmogramm zu finden. Dies ist ein sehr sensibler Vorgang, da die Form so gestaltet werden muss, dass sie sowohl für den betrachtenden Menschen als auch für die Naturintelligenz des Ortes lesbar wird.

Die fertige Zeichnung des Kosmogramms übertrage ich dann auf den Stein, und es folgt nun die Bearbeitung des Steins, bei der meine Frau Marika und ich das Zeichen einmeisseln. Durch das Spiel von Licht und Schatten wird das Kosmogramm für den Betrachter besonders plastisch. Es ist aber aufgrund seiner Beziehung zu den Urmustern der Erde auch für die Wesenheiten wahrnehmbar, die das Bewusstsein des betreffenden Ortes darstellen.

Mit Hilfe der Kosmogramme kann ich etwa zur Auflösung gewisser traumatischer Zustände beitragen, durch die ein Ort von seiner Vergangenheit her gezeichnet ist und die sich noch heute hemmend auf seine Lebendigkeit auswirken.

Abbildung 7: *Einige Kosmogramme, die ich für den Circuito das Águas gestaltet habe*

Zu solchen Träumen kommt es in der Regel dadurch, dass der Ort durch Blutvergiessen oder sonstige Gewalttaten geschändet wurde. Als Folge davon werden die Bewusstseinsströmungen des Ortes wie eingefroren, d.h. in ihrer Lebendigkeit blockiert.

Durch einen mit dem entsprechenden Kosmogramm versehenen (und damit in seinem Einflussbereich um eine Dimension erweiterten) Lithopunkturstein kann man bewirken, dass solche Schockzustände nach und nach "aufgeweicht" und letztlich beseitigt werden. Das Kosmogramm, in dem ja die Identität dieses Ortes kodiert ist, hat dabei die Funktion, den Ort dauernd daran zu erinnern, wer er ist, damit er stufenweise zu sich selbst zurückkommen und seine Kräfte neu entfalten kann.

DER LANSCHAFTSTEMPEL BRASILIENS

Betrachtet man nun die sichtbare Schönheit eines Landes zusammen mit seinen vital-energetischen und bewusstseinsmässigen Ausdehnungen, so zeigt sich ein mehrschichtiger Organismus, den ich "Landschaftstempel" nenne. Ein Landschaftstempel ist also kein in der Landschaft stehendes sakrales Gebäude - die Landschaft selbst ist das Heiligtum, ein Ausdruck der göttlichen Vollkommenheit.

Es würde zu weit führen, darüber theoretisch zu reden, denn jeder Landschaftstempel ist, entsprechend der Charakteristik der jeweiligen Landschaft, anders geartet. Sinnvoller scheint es mir, uns gleich mit einer bestimmten Landschaft bekannt zu machen, eben dem Landschaftstempel Brasiliens.

Wenn ich die Erde als Ganzheit betrachte, dann sehe ich eine breite geistige Achse, die zwischen dem Hochland von Tibet und Brasilien verläuft. Die beiden Länder befinden sich an genau entgegengesetzten Punkten der Erdkugel und repräsentieren den männlichen (Yang-) und weiblichen (Yin-) Pol des Planeten. Tibet mit seinen gewaltigen Bergen steht für den Yang-Pol, Brasilien mit seinen wässrigen Landschaften dagegen für den Yin-Pol. Man denke nur an den Wasserreichtum Amazoniens. Es gibt aber noch andere wässrige Phänomene in Brasilien, von denen ich drei als die wichtigsten ansehe:

1. den Kreislauf des Austausches zwischen den wässrigen Qualitäten der Ozeane und dem südamerikanischen Kontinent;
2. den Quellenbereich von Águas Emendadas in der Nähe der Hauptstadt Brasilia;
3. das Gebiet der Mineralwasserquellen des Circuito das Águas, wo unser Lithopunkturprojekt realisiert wurde.*

Dazu kommt noch, dass sich an dem Ort, wo Brasilia erbaut wurde, eines der drei stärksten Yin-Chakren der Erde befindet. So wird der weibliche Charakter Brasiliens auch auf der vital-energetischen Ebene hervorgehoben. Ich schreibe darüber ausführlicher in meinem Buch "Wege der Erdheilung" (s. Anhang, Brasilia - ein weiblicher Kraftort).

Im Hinblick auf die geistige Ebene repräsentiert Tibet den Gott-Aspekt der universellen Gottheit, Brasilien den Göttin-Aspekt. Ersteres äussert sich etwa in der spirituellen Lehre, die sich, von Tibet ausgehend, als spezielle Form des Buddhismus über die ganze Erde verbreitet hat.

Der durch Brasilien vertretene Göttin-Aspekt ist demgegenüber in der heutigen Zeit kaum irgendwo markant in Erscheinung getreten. Das Charakteristische der Göttin-Impulse, die von Brasilien ausgehen sollten, könnte man als "Lebensweisheit" bezeichnen.

* Das Gebiet des Pantanal stellt vermutlich ein viertes wichtiges Wasserphänomen des brasilianischen Landschaftstempels dar, ich hatte jedoch noch nicht die Gelegenheit, dies näher zu untersuchen.

Hier handelt es sich nicht um eine geistige Lehre, der man folgen kann, sondern um Lebenskunst: die Kunst, das tägliche Leben so zu gestalten, dass es die göttliche Weisheit in sich trägt. Jesus hat dies in seinen Reden Himmelreich oder Reich Gottes genannt. Es geht um die Weisheit, wie man die höchsten geistigen Ideale und Qualitäten in den Zusammenhängen des irdischen Lebens verwirklichen kann. Wenn sich auf diese Weise Himmel und Erde in uns vereinen, wird in uns und um uns herum eine Lebensqualität geboren, die wir mit dem Ausdruck "Paradies" bezeichnen. Es handelt sich um die paradiesische Qualität, die die Natur schon einmal verkörpert hat, nämlich bevor der Mensch damit begonnen hat, den harmonischen Zustand durch seine uneingestimmte, eigenwillige Verhaltensweise zu (zer)stören. Diese Art von Vollkommenheit kann nun auf einer höheren Stufe wieder errungen werden, falls der Mensch lernt, ökologisch zu handeln, seine Entwicklungsprozesse mit denen der Erdsysteme einzustimmen und bewusst mit Erde und Natur als Partnerinnen an der Schöpfung mitzuarbeiten.

Aus dem bisher Gesagten folgt bereits, dass Brasilien eigentlich schon jetzt eine für die ganze Erde bzw. Menschheit wichtige Aufgabe zukommt. Angesichts des Ausmasses der ökologischen Probleme, mit denen wir heutzutage konfrontiert sind, würde man dringend erwarten, dass von Brasilien zukunftweisende und Zukunft ermöglichende Impulse ausgehen. Leider geschieht das viel zu wenig, was auf Blockaden zurückzuführen ist, auf die ich in den folgenden Kapiteln näher eingehen werde.

Nun ist es aber an der Zeit, ausführlicher über die drei oben genannten "wässrigen Phänomene" zu sprechen, durch die der Yin-Charakter des brasilianischen Landschaftstempels in besonderem Masse hervorgehoben wird.

Zunächst einige Worte über den Austausch zwischen den beiden Ozeanen und dem südamerikanischen Kontinent.

Die gewaltigen Kräfte des Atlantischen Ozeans werden durch den Kontinent an jenem Ort eingeatmet, an dem heute Rio de Janeiro liegt. Im Zentralbereich der heutigen Grossstadt, zwischen den beiden Granitbergen, Corcovado und dem Paõ de Acúcar (Zuckerhut), fliesst ein breiter Strom wässrigen Äthers vom Ozean ins Landinnere. Ich meine, dass Rio de Janeiro seine Kraft weitgehend diesem Energie-Strom verdankt, der die Stadt durchquert. Danach wendet sich der Strom nordwärts Richtung Äquator und wird zuletzt in das Amazonas-Becken eingesaugt und darin verteilt.

Die Kräfte des Pazifischen Ozeans fliessen im Grenzbereich zwischen Chile und Peru in den Kontinent ein, strömen der Küste entlang nordwärts, um schliesslich ebenfalls in die "grüne Lunge" Amazoniens einzumünden. (Ein Teil der beiden Strömungen fliesst Richtung Südspitze des Kontinents, wo die vereinten Kräfte der beiden Ozeane hochgewirbelt werden und sich in die höheren Schichten der Atmosphäre ergiessen.)

In einer Gegenbewegung atmet die "grüne Lunge" - als Ausgleich für die eingeatmeten ozeanischen Energien - ihre Kräfte an der Mündung des Amazonas in den Atlantik aus. Damit schliesst sich der grosse Kreislauf des Austausches zwischen den beiden Ozeanen und dem Kontinent.

Als zweite Hauptquelle der wässrigen Qualität des Landschaftstempels von Brasilien habe ich Águas Emendadas genannt. Es handelt sich dabei um ein sumpfiges Quellgebiet, das unter Naturschutz steht. Ich hatte das Glück, die Quellen im Rahmen eines meiner Erdheilungsseminare besuchen zu dürfen. Auch durfte ich dort mit einer Gruppe erdheilerisch tätig sein und für die ungestörte geistige Qualität des Ortes sorgen.

Die Einmaligkeit der Quellen von Águas Emendadas liegt darin, dass ihr Wasser, von einem kleinen Becken ausgehend, in drei verschiedene Richtungen fliesst und dadurch fast über den ganzen südamerikanischen Kontinent verteilt wird.

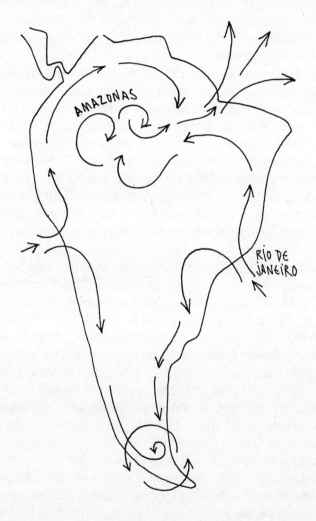

Abbildung 8: *Die Strömungen des Austausches der Lebenskräfte zwischen den Ozeanen und dem südamerikanischen Kontinent*

Ein Teil des Wassers fliesst nach Norden in den Amazonas, ein Teil südwärts (Richtung Argentinien) in den Rio Paraná und ein dritter Teil über die Hochebene (den Planalto) in östliche Richtung, um sich auf diesem Weg mit dem Rio São Francisco zu vereinen.

Die geistige Bedeutung der Águas-Emendadas-Quellen für den brasilianischen Landschaftstempel sehe ich darin, dass dem Wasser im Quellbereich eine besondere Qualität eingeprägt wird, die ich am besten als kosmische Information beschreiben kann. Ich nehme an dem Ort eine breite Lichtsäule wahr, die, indem sie sich auf die Erde niederlässt, das hervorquellende Wasser mit den kosmischen Qualitäten auflädt. Das Wasser wird dann mit dieser Ladung in die drei genannten Flüsse geleitet (Amazonas, Paraná und São Francisco), die jene Information über ganz Brasilien verteilen.

Wie kann man diesen Prozess nun genauer verstehen? - Folgt man den neuesten wissenschaftlichen Darstellungen, so ist Wasser nicht einfach irgendeine amorphe Masse, sondern ein flüssiger Kristall mit einer unglaublichen Fähigkeit, Information zu speichern (s. auch Nachwort). Wenn also das Wasser in Águas Emendadas an einem Punkt hervorquillt, an dem eine besondere Lichtsäule aus dem Universum auf die Erde trifft, speichert es die heranströmende kosmische Information und trägt sie mit in die drei erwähnten Flüsse. Die gespeicherte Information/Qualität wird also auf den drei Wegen zum Ozean zugleich an die Landschaft weitergegeben und wird damit dem ganzen Land zuteil.

Die Information geht auch nicht verloren, wenn in diesem Prozess das Quellwasser immer mehr verdünnt wird, im Gegenteil: sie wird nach dem homöopathischen Prinzip der Potenzierung nur noch stärker und durchdringender.

Der Sinn der vorliegenden Darstellung ist es, stufenweise den wässrigen Landschaftstempel Brasiliens in unserem

Bewusstsein erstehen zu lassen. Das ist allerdings nicht möglich, ohne uns eingehend São Lourenço, dem Circuito das Águas und Matutu zu widmen.

CIRCUITO DAS ÁGUAS UND DAS WUNDER DES WASSERS

Im Süden von Minas Gerais (brasilianischer Bundesstaat) , in dem Gebiet, das "Circuito das Águas" (d.h. Wasserbezirk, Bezirk der Wasser) genannt wird, gibt es einige an Mineralquellen überaus reiche Orte, von denen ich Saõ Lourenço, Caxambu, Lambari und Cambuquira für die wichtigsten halte. Das Wasser ist hier allerdings nicht durch kosmische Einflüsse geprägt, wie in Águas Emendadas, sondern durch irdische Qualitäten. Jede Quelle bringt, entsprechend der jeweiligen Tiefenschicht, aus der sie stammt, andere Mineralanteile sowie auch andere irdisch-geistige Qualitäten an die Erdoberfläche.

Diesen irdischen Qualitäten wird in unserer Kultur gewöhnlich der geistige Charakter abgesprochen. Man stellt sich vor, das Geistige könne nur vom Himmel (aus dem Kosmos) stammen, und vergisst dabei, dass auch die Erde an der Sternenwelt teilhat, also ein kosmisches, durchaus mit der göttlichen Kraft und Weisheit durchdrungenes Wesen ist.

Wir sind es gewohnt, Gott ausserhalb unserer Lebenssphäre anzusiedeln und ihn uns wie von aussen aus das irdische Leben einwirkend vorzustellen. Bei der irdischen Geistigkeit handelt es sich jedoch um den inneren, aus der Erdmitte wirkenden göttlichen Geist, den wir heute "Göttin" nennen. Es handelt sich eigentlich um den weiblichen Aspekt der universellen Gottheit, um die jeder Lebenserscheinung innewohnende Göttin.

In der christlichen Tradition wird die Göttin durch die heilige Maria vertreten. In bildlichen Darstellungen sitzt diese häufig auf einem Drachen oder steht auf dem Mond, beides Symbole für die irdischen Kräfte. Sie trägt aber auch eine Krone auf den Haupt oder ist von zwölf Sternen umgeben, was bedeutet, dass ihre irdischen Kräfte doch einen geistigen Charakter haben. Zudem hat sie den göttlichen Sohn geboren, Christus, der uns Menschen gelehrt hat, wie wir den irdischen und den geistigen Pol unseres Wesens verbinden können, um Vollkommenheit zu erlangen.

Bei den Mineralquellen von Cambuquira, Lambari, Caxambu und São Lourenço wird gewöhnlich nur auf ihren mineralischen Gehalt hingewiesen. Ich möchte jedoch hier im Sinne des Gesagten auf ihre kostbare und einmalige geistig-energetische Qualität aufmerksam machen. Ich nehme diese einerseits wahr als eine die Quellen umgebende Aura, die bei jeder Quelle anders geartet ist. Andererseits sehe ich sie in Form von inneren Bildern, die den geistigen und energetischen Inhalt der jeweiligen Quelle symbolisieren, durch den ihr mineralischer Gehalt ergänzt wird.

Als Beispiel möchte ich die inneren Bilder (Symbole) wiedergeben, die sich bei mir während der Untersuchung von neun der Quellen von Caxambu eingestellt haben und die den jeweiligen Charakter der betreffenden Quelle zum Ausdruck bringen:

1. Fonte Ernestina Guedes (gebräuchlicher Name der Quelle): Hier sehe ich eine schwarze Göttin, sie tanzt in weisse Schleier gehüllt.
2. Fonte Mayrink: Aus einer schwarzen Hülse entsteigt eine braunrote Göttin.
3. Fonte Venâncio: Ich sehe einen Kreis von Gesichtern, der sich langsam und feierlich dreht und dabei verschiedene Phasen durchläuft.

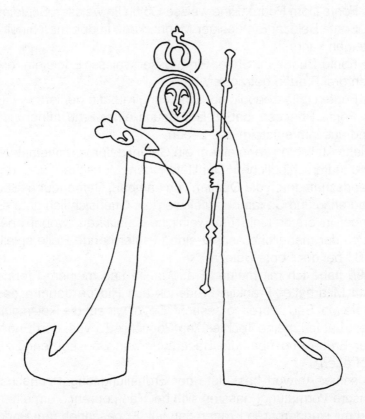

Abbildung 9: *Die schwarze Madonna Candelaria als Herrscherin von Himmel und Erde und als Gottgebärerin (Kirche des Colegio in São Paulo)*

4. Fonte Viotti: Eine doppelköpfige Göttin mit einem Gesicht nach vorn gewendet , dem anderen nach hinten; in einem rhythmischen Wechsel zeigt eine gewisse Zeit das eine nach vorne, dann das andere.

5. Fonte Dom Pedro: Eine weisse Göttin im weissen Schleier.
6. Fonte Beleza: Ein riesiger Männerkopf, in den man hineinsteigen kann.
7. Fonte Duque de Saxe: Ein grosser weisser Edelstein, der von drei Frauen getragen wird.
8. Fonte Dona Leopoldina: Eine Jungfrau, die gebiert.
9. Fonte Princesa Isabel: Der Bauch einer Frau öffnet sich und aus ihm entsteigt das Leben.

Diese Auflistung kann einem ein Gefühl dafür vermitteln, welche unterschiedlichen Qualitäten den Menschen und der Landschaft durch die Quellen von Lambari, Cambuquira, São Lourenço und Caxambu zuteil werden. Offensichtlich geht es dabei in erster Linie um weibliche Qualitäten, wobei aber auch der männliche Aspekt eine ausgleichende Rolle spielt, z.B. bei der Fonte Beleza.

1995 habe ich mit meiner Frau Marika und meinem Freund und Mitarbeiter Franklin Frederick aus Rio de Janeiro das erste Mal São Lourenço besucht. Bevor wir auf die Reise gingen, bat ich meine Tochter Ana Pogačnik, Devos, den Engel der Erdheilung über die Bedeutung von São Lourenço zu befragen.

In seiner Antwort bestätigte der Erdheilungsengel zunächst unsere Vermutung, dass es sich bei São Lourenço um einen Ort mit wunderbaren Kräften handelt. Er beschrieb den Park, wo sich die Quellen befinden, als "eine energetische 'Bombe', voll reiner feinstofflicher Heilkräfte und gleichzeitig eine 'Märchenwelt' von Naturwesenheiten". "Leider", fügte er hinzu, "ist dieser wundervolle Platz zerstört worden; seine Kräfte wurden unterdrückt und zerschlagen und die darin wohnenden Wesenheiten negativiert." Er führte diesen traurigen Zustand auf die Zerstörung der ursprünglichen Kultur Brasiliens zurück sowie auf die ökologischen Folgen der Stadtentwicklung in der unmittelbaren Nähe des Parks.

Mehr darüber folgt im nächsten Kapitel.

Im weiteren Verlauf der Botschaft gab Devos Anweisungen, wie man durch Erdheilung die unglückliche vital-energetische Lage des Parks verbessern könnte. Zuletzt wies er darauf hin, dass São Lourenço nicht nur im Rahmen des Landes eine wichtige Rolle spielt, sondern für die Erde als Ganzes.

Zwei Jahre später führten wir in São Lourenço mit einer Gruppe Interessierter die Heilungsarbeit durch, die der Erdheilungsengel vorgeschlagen hatte, um die Folgen der erwähnten Zerstörungsakte abzubauen. Es ging in diesem Falle um eine Art Reinigung und Wiederbelebung des Ortes nicht durch Aufstellen von Akupunktursteinen, sondern durch Imagination von Farben sowie durch gemeinschaftliches Singen und Tanzen auf den betreffenden Akupunkturpunkten. Über diese Methoden der Erdheilung berichte ich genauer in meinem Buch "Wege der Erdheilung".

Nachdem der erste Heilungsprozess gelungen war, konnte ich erst erspüren, was der Erdheilungsengel mit den besonderen Kräften von São Lourenço gemeint hatte. Ich nahm nun im Bereich des Parque das Águas in São Lourenço eine gigantische Quelle wässrigen Äthers wahr mit einem Durchmesser von ca. 1600 Metern. Der wässrige Äther stellt die Kraft des Lebens dar. Das bedeutet, dass es in dem Kessel, in dem São Lourenço liegt, einen unsichtbaren Krater gibt, aus dem in heftigen Wellen das Leben selbst quillt, oder genauer gesagt, die belebende Kraft der Landschaft und aller Lebewesen, die darin wohnen.

Es ist zwar durchaus so, dass jeder Ort und jedes Lebewesen eigene Quellen der Lebenskraft besitzt, um daraus Kräfte zu schöpfen, die für die Fortdauer des Lebens nötig sind. Es gibt jedoch auch Quellen von übergeordneter Bedeutung, die z.B. ein Land oder einen Kontinent mit bestimmten Kräften durchtränken. Auf diese Weise wird die Kontinuität des Lebens auf verschiedenen Ebenen gesichert. Das feinstoffliche Gebilde des Circuito das Águas ist so ein übergeordnetes Kraftsystem des Elementes Wasser. Es ist das Zentrum dieses Elementes für den ganzen amerikanischen Kontinent und hat deswegen Bedeutung auch für die Erde als Ganzes. Die Brennpunkte der anderen drei Elemente befinden sich nach meiner Einsicht in anderen Teilen des Kontinents: der des Elements Luft in den USA, des Feuers in Mexiko und des Erdelements in den Anden. Das Kraftsystem des Elementes Wasser im Circuito das Águas hat nach meiner Schätzung einen Durchmesser von etwa achtzig Kilometern. Es ist zentriert in São Lourenço, wobei aber auch viele andere Orte in diesem Gebiet, v.a. Lambari, Caxambu und Cambuquira, eine wichtige Rolle spielen. Später werde ich über die unterstützende Rolle von Matutu sprechen. Auch der Bereich von São Tomé das Letras hat eine besondere Funktion, die ich jedoch noch nicht verstehe. Dasselbe gilt auch für Serra das Águas, ein Gebiet, das ebenfalls reich ist an Mineralquellen. Es bedarf hier offensichtlich noch einiger weiterer Untersuchungen!

Die Grundstruktur des planetaren Chakras im Bereich des Circuito das Águas nehme ich als eine dreisträngige Kraftspirale wahr, die im Kessel von São Lourenço zentriert ist. Die drei Stränge nehmen ihren Ausgang von Cambuquira, Lambari bzw. Caxambu. Sie laufen im Kessel von São Lourenço aus, wo, wie beschrieben, eine enorme Fülle wässrigen Äthers aufsteigt, die sich entlang dieser drei Stränge der Spirale über das ganze Gebiet des Circuito das Águas ausbreitet.

Durch diesen zweiphasigen Prozess, bei dem die Kräfte im Bereich São Lourenço zusammengezogen und von dort aus wieder verteilt werden, entsteht über dem Circuito das Águas ein kuppelartiger Raum. Die Grenze dieses "Raumes" ist in Abbildung 10 durch die eiförmige Ellipse bezeichnet.

Man könnte sagen, dass diese "Kuppel", die den Circuito

das Águas überspannt, aus "geistigem Wasser" besteht, also aus der Essenz des Elementes Wasser.

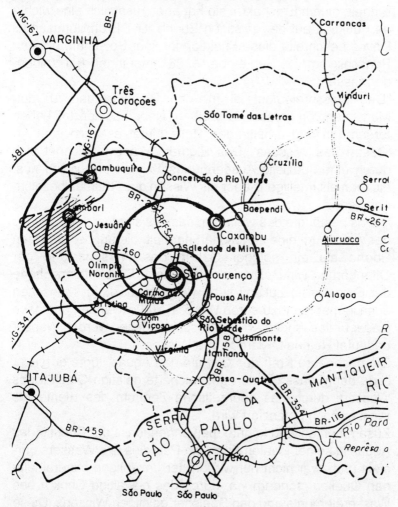

Abbildung 10: *Das zentrale Kraftsystem des Elementes Wasser für den amerikanischen Kontinent im Circuito das Águas*

Diese "wässrige" Kuppel macht den Circuito das Águas einerseits erst zu einer abgerundeten vital-energetischen Einheit, einem Erdchakra, sie hat aber zusätzlich eine wichtige Funktion auf der geistigen Ebene. Der Erdheilungsengel Devos beschreibt diese Funktion in einer Botschaft, die Ana Pogačnik am 12. September 1998 empfangen hat, folgendermassen:
"Das Wasserelement ist für den Planeten und für den Menschen von grosser Bedeutung. Neben seiner das Leben fördernden und erhaltenden Rolle bietet es auch eine Art 'Ozean des Wissens'. Das Element Wasser zeichnet sich durch eine spezielle Ausdehnungsfähigkeit und Weite aus, die man als Intelligenz oder als Wissen des Raumes bezeichnen kann."
Devos bestätigte des weiteren, dass es sich bei dem Circuito das Águas um eine Landschaft handelt, die auf der geistigen Ebene als ein solcher Ozean des Wissens und der Offenbarung wirkt. "Dies ist ein Aspekt der geistigen Ebene der Erde, der in Zukunft sehr wichtig wird, da ihr Menschen euch immer mehr zu euren Wurzeln zurückwenden und nach dieser umfassenden Art des Wissens suchen werdet. Wasser bedeutet Reinheit, Klarheit und Wissen."
Die besondere Kraft des Circuito das Águas, fügte er hinzu, liege darin, dass die dort gespeicherte geistige Qualität des Wassers durch das energetische Zentrum des Elementes Wasser noch potenziert wird.
Zusammenfassend könnte man sagen, dass der Circuito das Águas in seiner idealen Form ein Paradies des Wassers darstellt und zwar nicht nur wegen der unzähligen mineralhaltigen Quellen, sondern v.a. durch das gewaltige Chakra des Wasserelements und den Speicher geistigen Wissens. Diese Kräfte und Qualitäten verbreiten sich von dort aus über ganz Brasilien entlang der vier grossen Flüsse, die das Land in vier verschiedenen Richtungen durchqueren: Rio Grande, Rio

São Francisco, Rio Jequitinhonha und Rio Doce. Die Verbreitung erfolgt durch vier gewaltige Strömungen wässrigen Äthers, die sich, von der Kräftekonzentration des Circuito das Águas ausgehend, dem Wasser der vier Flüsse anschliessen, mit denen zusammen sie dann in den Atlantischen Ozean einmünden.

ELEMENT WASSER	QUALITÄT	AUSDRUCKSFORM
MATERIELLE EBENE	MINERALGEHALT	UNTERSCHIEDLICHE MINERALQUELLEN
VITAL-ENERGETISCHE EBENE	LEBENSKRAFT	DREIFACHER VORTEX UND DIE QUELLE DES WÄSSRIGEN ÄTHERS
GEISTIGE EBENE	GEISTIGES WISSEN	DIE EIFÖRMIGE WÄSSRIGE KUPPEL

Abbildung 11: Die drei Ebenen des Elementes Wasser im Circuito das Águas

KRAFTMUSTER DER ZERSTÖRUNG

Was ich im vorangegangenen Kapitel über den Circuito das Águas erzählt habe, klingt fast zu schön, um wahr zu sein. Und doch kann ich mit reinem Gewissen zu meinen Aussagen stehen. Ich habe meine Wahrnehmungen immer wieder überprüft und sie durch die Botschaften aus der geistigen Welt ergänzt. Dennoch können sich Zweifel an ihrer Richtigkeit einstellen, und zwar deshalb, weil die Landschaft des Circuito das Águas so wie sie heute ist, kaum einen Eindruck von ihrer ursprünglichen Schönheit und Kraft vermitteln kann.

Dafür gibt es zwei Schichten von Ursachen: erstens die ökologische Zerstörung der Landschaft und zweitens die darunter liegende Schicht des Kolonisationstraumas. Dazu kommt noch die durch die Entwicklung des rationalen Denkens bedingte Einstellung des modernen Menschen, die die feinstofflichen Dimensionen der Wirklichkeit völlig ignoriert.

Was die ökologischen Störfaktoren betrifft, so sind diese weitgehend bekannt, sodass ich nicht viele Worte darüber zu verlieren brauche. Ich denke hier v.a. an die Rodung der Urwälder, die Trockenlegung der Sümpfe und an die Urbanisierung, Eingriffe, die die Landschaft immer mehr zu einem menschlichen Nutzobjekt gemacht haben.

Besonders schwerwiegende Folgen hatten im Falle des Circuito das Águas die Austrocknung des Geländes und die Kanalisierung der Wasserläufe. Denn die Quellbereiche, die einst in sumpfigen kesselartigen Landschaften lagen, waren als Feuchtbiotope durch ihren wässrigen Charakter ideal für die Geburt des beschriebenen Landschaftstempels. Das heisst, dass die unsichtbare Dimension der Landschaft in den wässrigen Umfeldern einen passenden landschaftlichen Ausdruck fand, durch den sie sich "inkarnieren" konnte. Heutzutage bleiben die geistig-wässrigen Qualitäten des

Circuito das Águas weitgehend "in der Luft hängen". Die ausgetrockneten, verhärteten und pflanzenarmen Plätze, in die die menschliche Kultur die Landschaft verwandelt hat, bieten ihnen kaum die Möglichkeit, sich hier und jetzt auszudrücken und ihre unglaubliche Schönheit und Kraft erfahrbar zu machen. Sie bleiben ins Jenseitige verbannt.

Diese unglückliche Lage ist teilweise dadurch aufgehoben worden, dass inzwischen auf den Geländen, wo in Caxambu, Cambuquira, Lambari und São Lourenço die Mineralquellen besonders dicht auftreten, sogenannte "Wasserparks" eingerichtet wurden. In ihnen sind so manche wundervolle alte Bäume, Blumenanlagen, Teiche usw. zu finden, die es ermöglichen, durch solche Details ein Gefühl für die verlorene Schönheit des Ortes zu bekommen.

Das zweite Problem, das den Circuito das Águas belastet, liegt auf einer tieferen Schicht, nämlich auf der psychischen oder Gefühlsebene des Landes. Es handelt sich um traumatische und damit den Energiefluss blockierende Ereignisse, die die Eroberung und Kolonisierung des Landes durch die Europäer begleitet haben. Heutzutage feiert man fröhlich die Jubiläen der Entdeckung Amerikas und vergisst dabei, dass die Kolonisationsprozesse auch schwere Wunden im Unterbewusstsein des Landes hinterlassen haben, die nie ganzheitlich geheilt wurden. Die Menschen sind schon stark genug, um mit diesen ins Unterbewusstsein abgedrängten Träumen zu leben. Die Kräfte des Landes jedoch bleiben verkrampft, und die ursprüngliche Schönheit und Lebensfülle ist immer mehr im Begriffe zu schwinden.

Das Problem der Traumatisierung der Landschaft wird bei jenen Orten noch besonders verschärft, die zu den heiligen Orten der indianischen Kultur zählten. Im Bereich des Circuito das Águas trifft dies zumindest auf Caxambu und São Lourenço zu. Solche Orte wurden durch die Kolonisatoren gezielt geistig und energetisch zerstört, um das Selbstbewusstsein des unterdrückten Volkes zu schwächen und dem eroberten Land Kraft abzuziehen. Es ist dies eine Methode der Eroberung, die schon die alten patriarchalischen Despoten Kleinasiens erfunden haben und die im römischen Reich zur allgemeinen Doktrin der Kriegsführung erhoben wurde. Nach dieser abscheulichen Doktrin sollte der Eroberer zuerst die heiligen Plätze des ansässigen Volkes aufsuchen und sie entweihen und zerstören. Da die ansässigen Kulturen auf innigste Weise mit diesen Orten verbunden waren und als Gemeinschaft durch die heiligen Orte ihre Kraft und Widerstandsfähigkeit bezogen, waren sie durch ihre Entweihung und Zerstörung wie gelähmt. Ihr Land wurde so zu einer leichten Beute des Eroberers.

Die Herrscher im Zeitalter der Renaissance haben vieles von den Römern gelernt und übernommen, leider auch jene die Seele der Landschaft zerstörende Kriegsdoktrin. So wurden an den heiligsten Plätzen der Indianer oft unschuldige Menschen niedergemetzelt oder andere Greueltaten begangen. Durch eine derartige Einwirkung, die starke psychische Reaktionen nach sich zieht und Gefühle der Furcht und des Leids hochwirbelt, wird als erstes die Gefühlsebene des Landes chaotisiert. Auf diese Weise werden die Elementarwesen, die den Ort hüten und seine Kräfte lenken, in Mitleidenschaft gezogen: sie beginnen irrezugehen und verlieren jegliche Orientierung. Schliesslich geraten dadurch die Kraftsysteme des Orts in völlige Unordnung und brechen zusammen. Aus dem Ort der Kraft ist ein "Ort der Schwäche" geworden, und das Volk, das durch ihn seine Kraft bezog, ist nun leicht zu beherrschen.

Auch wenn es wahr ist, dass die Natur in den Jahrhunderten, die seither vergangen sind, Selbstheilprozesse eingeleitet hat, gilt es zu bedenken, dass der Mensch eine karmische Verantwortung für die Zerstörung trägt. Die Natur kann manches wiederbeleben, aber es ist allein der Mensch, der die eingeprägten Zerstörungsmuster löschen kann.

Hier sehe ich zwei Möglichkeiten, die ich auch bei meiner Erdheilungsarbeit im Circuito das Águas in die Tat umzusetzen versuchte. Die erste liegt darin, die dem Land eingeprägten Zerstörungsmuster bewusst abzubauen. Zu diesem Zweck setze ich eine Art Akupunktur durch Gruppenarbeit ein. Ich suche zunächst an den Orten, die eine gezielte Zerstörung erlitten haben, nach Akupunkturpunkten, über die man die ins Unterbewusstsein des Raumes eingeschriebenen negativen Kraftmuster besonders gut erreichen kann. Die Gruppe versucht sodann, durch einen frei gestalteten "Trauergesang" eine Klangbrücke zu den unglücklichen Einprägungen zu schlagen, um sie über diese Brücke ans Licht des Bewusstseins zu ziehen. Dem folgt ein für jeden Ort anders gestalteter harmonischer Gesang, durch den einerseits die Erlösung der alten Leidensmuster angestrebt wird und andererseits der Aufbau einer neuen, harmonischen Schwingung.

Was die Kraftplätze in Brasilien betrifft, die in der Zeit der Konquista eine gezielte Zerstörung durchgemacht haben, so habe ich mit verschiedenen Gruppen in Águas Emendadas, Brasìlia, São Lourenço, Matutu und Caxambu auf diese Weise gearbeitet. Es wurde also ein Prozess eingeleitet, der weitergeführt werden sollte.

Die zweite Möglichkeit, die unglücklichen Zerstörungsmuster zu löschen, wäre, das Urmuster der Identität eines Landes zu entdecken und es in seiner positiven Wirkung zu stützen.

Im Falle Brasiliens wurde dieses Urmuster ebenfalls in der Zeit der Konquista negativiert und weitgehend ausser Kraft gesetzt. Mehr darüber aber im folgenden Kapitel.

DIE FLAGGE BRASILIENS ALS KOSMOGRAMM

In meinem Buch "Wege der Erdheilung" habe ich ausführlich davon erzählt, wie dramatisch mein erster Besuch 1995 in Brasilien verlief. Kaum hatte ich die brasilianische Botschaft in Wien mit dem Visum in der Tasche verlassen, begannen sich auch schon aussergewöhnliche Schmerzen in meiner linken Hüfte und im Oberschenkel bemerkbar zu machen. Der heftige Schmerz, der mich fast lahmlegte, liess auch während des Fluges nach Rio und während meiner ersten Woche in Brasilien nicht nach. Erst als bei meinem Besuch in Petrópolis eine begabte junge Heilerin namens Ane Benatieine den Akupunktur-meridian behandelte, der über meine Hüfte verläuft, wurde ich plötzlich geheilt. Während des Heilungsvorgangs haben sich mir zwei Dinge offenbart. Ich erkannte erstens, dass meine persönlichen Kindheitstraumen in Resonanz geraten waren mit den unglücklichen Zerstörungsmustern, die Brasilien seit der Zeit der Konquista prägen. Wäre es nicht zu dieser Resonanz und damit zu dem lästigen Schmerz gekommen, hätte ich möglicherweise das tief ins Unterbewusstsein verdrängte Hauptproblem des Landes übersehen.

Zum zweiten tauchte während meiner Behandlung in einer Vision eine alte, knochige Indianerschamanin auf, die ihrer dunkelroten Hautfarbe nach nicht zu den Indianerstämmen gehören konnte, die das Land zur Zeit der Konquista bevölkerten, sondern eher zu einem der Urvölker des Kontinents, die in der indianischen Überlieferung als "Tupinamá" bekannt sind. Die alte Schamanin blieb in der Folge während der ganzen Brasilienreise ständig in meiner Nähe, und ich konnte mich innerlich an sie wenden und sie um Rat bitten, wenn ich auf Geheimnisse des Landes stiess, die ich nicht enträtseln konnte. Es hat sich gezeigt, dass sie Zugang zu den Urbildern des Landes hat.

Knapp vor Ende meiner ersten Brasilienreise bat ich sie während einer Meditation in Rio, mir einen Code zu geben, durch den ich das Land auch aus der Ferne erreichen konnte. Zu meiner Überraschung zeigte sie mir daraufhin die offizielle Flagge Brasiliens.

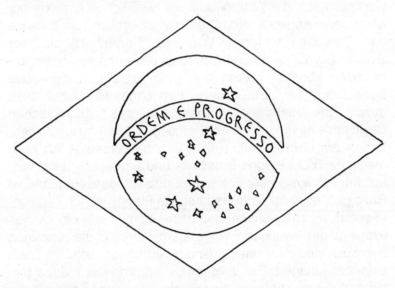

Abbildung 12: *Die Flagge Brasiliens*

Bis zu diesem Zeitpunkt hatte ich der Flagge keine besondere Aufmerksamkeit geschenkt. Ihre Gestaltung wirkte auf mich eher unangenehm, besonders wenn ich die darauf geschriebenen Worte las: "Ordnung und Fortschritt". Das machte mir einen restriktiven Eindruck und schien von den Menschen zu fordern, sich den Interessen des Staates unterzuordnen.

Diese Abneigung verschwand, als ich erfuhr, dass die Begründer des unabhängigen Brasiliens durch den französischen Philosophen Auguste Comte inspiriert waren, der in den Worten "Liebe, Ordnung und Fortschritt" die Grundlage des Lebens ausgedrückt sah. Leider ist bei der endgültigen Gestaltung der Flagge der Spruch im Sinne des Rationalismus des 19. Jahrhunderts beschnitten worden: die grundlegende Qualität der Liebe wurde weggelassen. So war, als nach der Abtrennung des weiblichen Aspekts nur noch der männliche der "Ordnung" übrigblieb, die Balance des Spruches verloren. Was als "Fortschritt" aus der Synthese von Liebe und Ordnung hätte organisch empor-wachsen können, bekam nun eine einseitige, aggressive Bedeutung: der zielgerichtete Fortschritt wird nicht mehr durch die liebende Sensibilität des ökologischen Bewusstseins (im weitesten Sinn des Wortes) ausbalanciert. Schon auf dem Rückflug nach Europa versenkte ich mich meditativ in die Flagge Brasiliens und entdeckte, dass "hin-ter" der Flagge ein Kosmogramm pulsiert, dessen durch die Ratio gefilterter Ausdruck die heutige Flagge ist. Ich versuch-te sofort, es zu zeichnen, und dabei ist mir noch ein zweites Problem der heutigen Flagge klargeworden: die einzelnen Symbole sind nicht untereinander verbunden, sondern über-einander gelagert. Bei dem im Hintergrund der Flagge pul-sierenden Kosmogramm sind sie dagegen organisch mit ein-ander verbunden, wobei die Qualität der Verbundenheit dem auf dem Band fehlenden Wort "Liebe" entspricht.

Als ich dann drei Jahre später eingeladen wurde, das Lithopunkturprojekt im Circuito das Águas durchzuführen, entschloss ich mich, das Emblem, das auf der brasiliani-schen Flagge zu finden ist und das nach meiner Einsicht auch die Identität Brasiliens kennzeichnet, als Grundlage der Kosmogramme zu nehmen, die auf den Lithopunktursteinen eingemeisselt werden sollten. Bei ihrer Gestaltung konzen-trierte ich mich auf einzelne Teile des Symbols, um zu den verschiedenen Schichten des Urmusters Brasiliens Beziehung aufnehmen zu können. Ich versuchte auf diese

Weise, das in der Vergangenheit unterdrückte Kraftmuster des Landes ins Bewusstsein zu bringen und zu stärken.

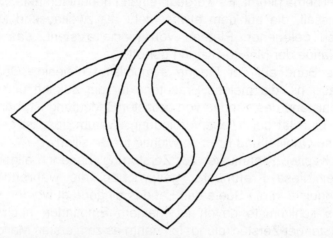

Abbildung 13: *Das Kosmogramm Brasiliens, das ich "hinter" der brasilianischen Flagge sehe*

Abbildung 14: *Das Kosmogramm, das das Band aus der brasilianischen Flagge zum Thema nimmt (Macieira, Matutu)*

Betrachten wir einige Beispiele! Zuerst möchte ich das Kosmogramm vorstellen, das das Band der Flagge Brasiliens als Thema nimmt. Es wurde in eine Lithopunktursäule einge- meisselt, die auf dem etwas mehr als zweitausend Meter hoch gelegenen Plateau von Macieira steht, das zum Gelände der Matutu-Stiftung gehört.

Das Band auf der Flagge symbolisiert diejenige Qualität Brasiliens, die meines Erachtens für die Zukunft und den Wohlstand des Landes von grösster Bedeutung ist, nämlich die Qualität der Wiederverbindung. Warum aber ist gerade diese Qualität und Kraft so wichtig für Brasilien?

Im Kapitel „Kraftmuster der Zerstörung" habe ich allgemein über diese Kraftmuster gesprochen, die während der Konquista in die Seele des Landes eingeprägt worden sind. Das schlimmste davon ist meinem Empfinden nach das Muster der Zerstückelung. Ich nahm es zum ersten Mal deut- lich wahr, als ich im November 1996 in einem der ältesten Klöster Brasiliens, dem Benediktinerkloster São Bento in Rio de Janeiro, einer Messe beiwohnte. Während der Priester einen Passus über die Nächstenliebe aus den Paulusbriefen las, sah ich im Hintergrund ein trübes gelbes Licht aufleuch- ten. Obwohl sich das Leuchten unangenehm anfühlte, war ich von seiner Erscheinung so stark angezogen, dass ich mich telepathisch an meinen brasilianischen Schutzgeist wandte, die dunkelrote knochige Schamanin, die ich ein Jahr zuvor durch meine Vision kennengelernt hatte.

Diesmal bat ich sie, mir zu zeigen, was sich hinter diesem fremden Licht verbirgt, das für mein Gefühl mit der Zerstörung der Urbilder des Landes zu tun haben musste. Meine Ratgeberin war im Nu anwesend und gab mir als Erklärung ein Bild, das eine nackte Indianerin zeigte, die von den Eroberern des Landes zerstückelt wurde, wobei die Körperteile weit voneinander getrennt wurden. Es musste sich um eine schwarzmagische Tat handeln, wie sie häufig die Zerstörung der heiligen Plätze der Indianer durch die Konquista begleiteten. Denn wenn es einmal gelungen war, ein Land auf der geistigen und energetischen Ebene auseinanderzubrechen und zu zerstückeln, dann war damit auch die Abwehrkraft des Landes auf ein Minimum reduziert.

Abbildung 15: Die zerstückelte Göttin von Tenochtitlan, Museum der Grossen Pyramide, Mexico City

Einen Beweis dafür, dass nicht nur die Europäer, sondern auch die patriarchalischen Eroberer des vorkolumbianischen Amerika ähnlich geartete Zerstörungspraktiken kannten, entdeckte ich zwei Jahre später im Museum der Grossen

Pyramide in Mexico City. Dort ist eine riesige runde Granitplatte zu sehen, die man am tiefsten Punkt unter der Grossen Pyramide in Mexico City gefunden hat. Diese Pyramide markierte das Zentrum des Aztekenreiches. Auf der runden Platte, die mehrere Tonnen schwer ist, ist die Göttin dargestellt: zerstückelt, mit abgetrenntem Kopf, abgetrennten Armen und Beinen. Da die Göttin für die Seele und die Kraft eines Landes verantwortlich ist, wurde dieses durch ihre Zerstückelung in einer Weise geschwächt, dass es auf Dauer beherrschbar wurde.

Um dieser Kraft der Zerstückelung ein positives, verbindendes Kraftbild entgegenzusetzen, habe ich das Kosmogramm der Wiederverbindung entwickelt, das als Grundlage das Band aus der brasilianischen Flagge nimmt. Es ist schon seltsam, dass von dem Band, wie oben berichtet, gerade das Wort "Liebe" verschwunden ist, das genau die Gegenkraft der Trennung ausdrückt: Liebe ist wohl die Kraft, die verbindend, ergänzend, abrundend und auch vervollständigend wirkt. Dieser erlösenden Kraft habe ich durch das erwähnte Kosmogramm von Macieira zum Ausdruck verholfen. Das Band windet sich nun eng um die zentrale Kugel der Flagge herum und beschreibt dabei das Zeichen der Unendlichkeit, die Lemniskate.

Die zweite Schicht des Zerstörungsmusters Brasiliens bringe ich in Zusammenhang mit der Unterdrückung des weiblichen Wesens des Landes. Die Yin-Qualitäten Brasiliens, auf die ich am Anfang des Buches im Vergleich mit Tibet hingedeutet habe, wurden ausser Kraft gesetzt. So ist die tiefere Identität des Landes verloren gegangen und damit auch ein Teil seiner ursprünglichen Kraft und Schönheit. Über die von den Eroberern angewandten Unterdrückungstechniken möchte ich nicht sprechen. Jedenfalls ist das Resultat ein verhärteter männlicher Charakter, der die ursprüngliche Identität Brasiliens überzieht und ihre Kraft dämpft.

Um dieser heimtückischen Energie entgegenzutreten und erlösend auf sie zu wirken, habe ich ein Kosmogramm gestaltet, das in dem Lithopunkturstein eingemeisselt wurde, der ebenfalls auf dem Gelände der Matutu-Stiftung steht, jedoch nicht so hoch in den Bergen wie jener von Macieira. Er steht auf dem Kreuzungspunkt zweier Leylinien, vor dem Heiligtum, wo regelmässig eine unkonventionelle Form der christlichen Messe gefeiert wird, die sogenannte "Amazonische Messe". Diese wurde zu Beginn unseres Jahrhunderts durch einen Erleuchteten in Amazonien ins Leben gerufen. Das Ritual besteht aus einer Folge von Hymnen, die von der Gemeinschaft (Frauen, Männern und Kindern) fröhlich getanzt und gesungen werden.

Das Kosmogramm nimmt als Ausgangspunkt die Kugel in der Mitte der Flagge, die das weibliche Prinzip symbolisiert, und den eckigen Rhombus, der die Kugel einfasst. Er steht für das dominierende männliche Prinzip.

Die beiden polarisierten Prinzipien, die bei der Flagge in keinerlei Verbindung miteinander stehen und voneinander getrennt sind, werden beim Kosmogramm dynamisiert und durch fortlaufende Linien miteinander verbunden. So entsteht in der Mitte eine Form, die an das taoistische Yin-Yang-Symbol erinnert, das ja für die perfekte Ausbalancierung der beiden Prinzipien steht, die gemeinsam alle Lebenserscheinungen hervorbringen.

Bei der Anerkennung und Wiederinkraftsetzung des weiblichen Prinzips wird nämlich nicht etwa die Dominanz des Weiblichen angestrebt als Gegenposition zur derzeitigen Herrschaft des männlichen Prinzips. Dem Wesen des Weiblichen ist das Streben nach Ganzheit eingeschrieben, und damit auch nach einem kreativen Austausch mit dem männlichen Gegenpol. Der weibliche Pol ist der Vertreter des Wissens, dass es ohne den Austausch zwischen den beiden Polen kein Leben geben kann.

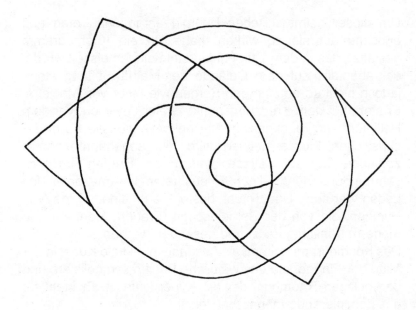

Abbildung 16: *Das Kosmogramm des Gleichgewichts zwischen dem weiblichen und dem männlichen Prinzip*

Die dritte Schicht des gestörten Kraftmusters Brasiliens ist mit dem Problem des "Nichtgeerdet-Seins" verbunden. Dieses kommt dadurch zustande, dass die Bewohner des Landes, die sich zwar der Zerstörungsmuster, die tief im Unterbewusstsein des Landes liegen, nicht bewusst sind, dennoch aber instinktiv die Berührung mit ihnen scheuen. Infolgedessen scheuen sie auch den näheren Kontakt mit der Erde unter ihren Füssen, um nicht mit dem Trauma des Landes aus der Zeit der Kolonisation in Berührung zu kommen.

So hat sich über Generationen hin eine unbewusste Einstellung herausgebildet, die folgendes sagt: "Du darfst dich mit den Naturkräften des Landes nicht innig verbinden, weil sonst die dunklen Schatten der Vergangenheit über dich herfallen!" Man lernte also, mit dem Land zu leben und dabei energetisch abgetrennt leicht darüber zu schweben. Nach meiner Beobachtung führen sehr viele Menschen in Brasilien ein solch zwiespältiges Leben. Sie stehen zwar physisch auf der Erde, leben aber doch geistig, gefühlsmässig und energetisch von ihr getrennt.

Dadurch hat sich in Brasilien eine gewisse Leichtfertigkeit, auch Gleichgültigkeit gegenüber den Zwängen der Zeit und des Raumes entwickelt, die einem imponieren mag. Auf der anderen Seite jedoch zeigen sich verheerende Folgen dieser Einstellung in einem scheinbar ganz unmotivierten Zerstörungsdrang gegenüber der Natur und den Naturressourcen des Landes. Diese Einstellung gefährdet zugleich die Zukunft der Menschheit, ist diese doch weitgehend von der Wiederverbindung mit den geistigen, gefühlsmässigen und energetischen Dimensionen der Erde abhängig. Mehr darüber im letzten Kapitel des Buches.

Als Grundlage für das Kosmogramm, das die Qualität der Erdung unterstützen soll, habe ich den Rhombus der brasilianischen Flagge gewählt und eine Blüte der für Brasilien typischen Orchidee. Die Verschlossenheit des Rhombus wurde aufgebrochen und seine zwei Teile übereinandergelegt. Durch diese Transformation entstanden zwei Dreiecke, von denen eines zum Himmel und das andere zur Erde weist. Sie symbolisieren die Bereitschaft, sich mit dem universellen Geist einerseits und mit der Mutter Erde andererseits wiederzuverbinden. Die Pflanze in der Mitte steht für die Qualität der Erdung. Es sind die Pflanzen, die durch ihre Wurzeln am besten geerdet sind.

Abbildung 17: *Kosmogramm der Erdung, entwickelt aus der Flagge Brasiliens (Matutu-Stiftung, Aiuruoca)*

MATUTU - ZURÜCK ZUM URSPRUNG

Man könnte sich fragen, warum im Rahmen des Lithopunkturprojekts die drei Kosmogramme, die eine so wichtige Botschaft für Brasilien beinhalten, ausgerechnet in einer derart entlegenen Gegend in den Bergen aufgestellt wurden und nicht mitten in einer Grossstadt. Auch innerhalb des Circuito das Águas liegen das Gelände von Matutu und Aiuruoca, die den Wohnanlagen von Matutu nächstgelegene Stadt, am Rande dieses Gebiets und keineswegs zentral. Es gibt für die Wahl gerade dieser Örtlichkeit drei wichtige Gründe. Zum einen ist Matutu eine Gemeinschaft von Brasilianerinnen und Brasilianern, die sich bewusst dem Schutz und der Pflege eines Stückchens ihrer Heimat widmet und als Anerkennung dafür den offiziellen Status einer Stiftung erhalten hat. Man hat innerhalb der stark durch Wasserquellen geprägten Landschaft einen eigenen "bioarchitektonischen" Baustil entwickelt und pflegt die Traditionen des Landes. Ich spüre, dass dort Brasilien das ist, was es ursprünglich war und wieder sein wird.

Zweitens habe ich im Bereich von Matutu eine Qualität des atmosphärischen Raumes wahrgenommen, die ich für die ursprüngliche paradiesische Qualität halte, die Brasilien einst kennzeichnete. Nur an sehr wenigen Orten des heutigen Brasilien konnte ich sie spüren, darunter eben auch in Matutu.

Auf Matutu verwiesen hat mich mein Freund und Berater in Sachen Brasilien, Franklin Frederick. Er meinte, dass die Stiftung der richtige Partner bei der Durchführung unseres Lithopunkturprojekts im Süden von Minas Gerais wäre. Und er hatte recht.

Unser erster Besuch in Matutu erfolgte im November 1997. Spät in der Nacht erreichten wir auf morastigen Wegen die dortigen Wohnanlagen, die sich etwa fünfzehn Kilometer landeinwärts von der asphaltierten Strasse nach Aiuruoca befinden. Als ich am Morgen in einem hoch über dem Tal gelegenen Haus aufwachte, sah ich Matutu zum ersten Mal. "Matutu" ist ein indianischer Ausdruck und heisst soviel wie "Quellbereich der Flüsse". Ich schaute einige Zeit über das Tal hin und erfreute mich an seiner Schönheit. Dann schloss ich die Augen und war hingerissen von der inneren Qualität dieser Schönheit: Das ganze Tal war ausgefüllt mit einer Art von flüssigem Kristall. Wo ich auch hinschaute sah ich eine vollkommene geometrische Ordnung, wie sie mir von den Kristallen vertraut ist. Diese Ordnung war jedoch in sich beweglich, einer dynamischen Lichtstruktur ähnlich. Ihre Schönheit war unbeschreiblich.

In der Folge tauchte ich mit meinem Bewusstsein noch eine Schicht tiefer in die Vision ein, um ihren Ursprung - ihr Urbild zu erreichen. Da gewahrte ich ein offenes Buch, das alles Wissen beinhaltete, das sich in den vergangenen Epochen der Erdentwicklung angesammelt hatte. Ich wollte darin blättern und lesen, bemerkte aber zu meiner Überraschung, dass man nur nach vorne blättern konnte, nicht zurück.

Meine Intuition erklärte mir dazu, dass für unsere veraltete Zivilisation die Zeit gekommen sei, solche Plätze aufzusuchen, wo wir von der Kindheitsepoche der Erde lernen können, weil sie die Zukunft kennt. Das erinnerte mich an das Wort Jesu aus dem Thomas-Evangelium: "Nicht wird zögern der hochbetagte Mann, zu fragen ein kleines Kind von sieben Tagen nach dem Ort des Lebens, und er wird leben..."(Logion 4).

Diese Erfahrung begeisterte mich, und ich hatte das Gefühl, dass sich in diesem abgelegenen Tal etwas erhalten hatte von den kostbaren ätherischen und geistigen Qualitäten des Wassertempels des Circuito das Águas, was im Kernbereich der Landschaft durch die erwähnten ökologischen und gefühlsmässigen Probleme zerstört worden war.

Es gibt noch einen dritten Grund, warum ich die Einladung,

das Lithopunkturprojekt ausgehend von Matutu zu gestalten, gerne annahm. Es hat sich nämlich bei der geomantischen Untersuchung des Geländes der Stiftung herausgestellt, dass es von drei wichtigen Leylinien durchquert wird. Dies führt uns zum Ausgangspunkt unseres Textes zurück, als ich im ersten Kapitel über die vital-energetische Ebene der Landschaft sprach. Dort habe ich die Leylinien der Landschaft mit den Akupunkturmeridianen beim menschlichen Körper verglichen. Die Leylinien haben die Aufgabe, den geologischen Körper der Landschaft mit Lebenskraft zu versorgen. Gleichzeitig verteilen sie auch Information - Wissen - über die Landschaft, was für deren Identität von grundlegender Bedeutung ist.

Das System der Leylinien ist reich gegliedert. Es gibt solche, die einen planetaren Charakter haben und deren Strom mehrere tausend Kilometer lang ist. Es gibt aber auch lokale Leylinien, die nur zehn bis dreissig Kilometer weit reichen. Ausserdem existiert neben den gewöhnlichen Leylinien auf der Kraftebene noch eine Art grossräumiger geistiger Ströme, die noch feiner sind als die besagten Leylinien, auch viel breiter. Man könnte sagen, dass diese dem Geist der Erde zur Kommunikation dienen.

Das Gelände der Matutu-Stiftung wird also von drei Leylinien durchquert. Zwei davon sind planetare Leylinien, die sich vor dem erwähnten Heiligtum kreuzen. Genau an dem Kreuzungspunkt steht heute der Lithopunkturstein mit dem Kosmogramm, durch das die Integration des weiblichen Prinzips gefördert wird. Der Tradition nach stand dort einst der heilige Baum der Indianer, den die Kolonisatoren verbrannt haben.

Die eine der beiden planetaren Leylinien kommt aus dem Süden, vom Atlantischen Ozean her, und strömt weiter in Richtung Amazonien und Kolumbien. Sie erreicht das Land in Rio de Janeiro, an der Ponta de Copacabana, wo einmal die berühmte Wallfahrtskirche Nossa Senhora de Copacabana stand. Heute wird das Gelände für militärische Zwecke genutzt. Die Leylinie durchquert sodann den Botanischen Garten von Rio in der Nähe eines grossen Springbrunnens und verläuft weiter über die Serra de Carioca und die Serra de Mantiqueira, bis sie den Kreuzungspunkt auf dem Gelände von Matutu erreicht.

Auch die zweite der sich kreuzenden Leylinien kommt vom Atlantik herangerast, jedoch aus östlicher Richtung. Sie ist für unser Projekt so bedeutsam, weil sie in ihrem weiteren Verlauf Richtung Westen das geistige und energetische Zentrum des Landschaftstempels des Circuito das Águas, den Wasserpark von São Lourenço, durchquert. Weiter nach Westen verläuft sie durch Paraguay, den Norden Argentiniens, überquert dann die Anden und verbindet sich schliesslich mit dem Pazifischen Ozean.

Es stellt sich die Frage, auf welche Weise die Leylinien solche Distanzen bewältigen. Im Allgemeinen laufen sie geradlinig. Beobachtet man sie jedoch im Gelände, so merkt man, dass sie leicht ondulieren und an bestimmten Punkten auch geringfügige Kursänderungen vornehmen können. Zu ihrer unschematischen Dynamik trägt des weiteren bei, dass sie sich dem Gelände anpassen und dadurch, dem Relief der Landschaft folgend, so verlaufen, als würde sich eine feurige Schlange durch die Landschaft winden.

Es gibt, wie erwähnt, noch eine dritte Leylinie auf dem Gelände von Matutu, die geistigen Charakter hat. Ihr Quellpunkt befindet sich auf der Hochebene von Macieira, auf der auch der Stein mit dem Kosmogramm der Wiederverbindung zu finden ist. Von dort aus verläuft sie nach Norden in Richtung Amazonasmündung, wo sie am Äquator den Ozean erreicht. Der Stein mit dem Kosmogramm der Erdung steht in der Mitte ihres breiten Flusses, der zugleich die Achse des Tales von Matutu darstellt.

Abbildung 18: *Die zwei planetaren Leylinien von Matutu*

SÃO LOURENÇO - DAS HERZ DES LANDSCHAFTS-TEMPELS

Schon weiter oben habe ich im Zusammenhang mit dem Landschaftstempel des Circuito das Águas die zentrale Rolle von São Lourenço hervorgehoben. Es konzentrieren sich dort die drei spiralförmigen Kraftstränge, die in Lambari, Caxambu bzw. Cambuquira ihren Ausgang nehmen. Und dort gibt es auch die gewaltige Ausgiessung der ursprünglichen Lebenskraft der Erde, die durch das Element Wasser symbolisiert wird.

Durch das Zusammentreffen dieser beiden Kraftströmungen im Kessel von São Lourenço kommt es, bildlich gesprochen, zu einer Art "Explosion", weshalb der Erdheilungsengel auch von einer "energetischen Bombe" sprach. Als Folge dieser Explosion entsteht über dem Circuito das Águas die beschriebene Kuppel, in der das Wissen der Erde und der Ewigkeit eingeschrieben ist.

Diese wunderbaren Dimensionen von São Lourenço konnte ich in meiner Meditation aufspüren und nachvollziehen. Als ich jedoch in dem kleinen, schnell wachsenden Städtchen ankam, war es nicht leicht, sich zurechtzufinden. Die Wandlungen, die der Ort in den letzten Jahrhunderten durchgemacht hat, sind enorm. Der einstige Nabel des "Paradieses von Brasilien" ist zu einem provinziellen Zentrum des öffentlichen Lebens und des Tourismus geworden, in dem sich alles ums Überleben und Vergnügen dreht.

Es war mir klar, dass dieser Eindruck, den der Fremde bekommt, nur eine äussere Maske darstellt und dass hinter dieser Maske reale Menschen stehen mit ihren geistigen Bestrebungen, Hoffnungen und auch ihrem Glauben. Und ähnliches liesse sich wohl auch von dem Ort selbst sagen. Äusserlich ist er überbaut worden, die Flüsse wurden zu Kanälen gemacht und damit verkrüppelt, jedem Fleckchen

Erde wurde entsprechend den Plänen der Gemeinde eine ganz bestimmte Funktion zugeteilt. Aber auch all dies ist nur eine Maske, hinter der sich das wahre Wesen des Ortes verbirgt, meist wohl übersehen und ignoriert.

Die Hoffnung, das wahre Wesen von São Lourenço doch erleben zu können, liegt im Wasserpark. Im Park kann die Natur gewissermassen aufatmen und ihre wunderbaren Kräfte bis zu einem gewissen Grad entfalten. Und so habe ich mich jedesmal, wenn ich nach São Lourenço kam, sofort in den Park begeben und dort versucht, die Plätze zu finden, durch die ich die so gepriesenen unsichtbaren Dimensionen von São Lourenço erleben könnte.

Ich möchte nun auf einige Kraftzentren im Park hinweisen, an denen die Kräfte und Qualitäten des Ortes besonders gut zu spüren sind. Auf der Wiese an der rechten Seite der Alameda São Paulo befindet sich der Solarplexus (das vital-energetische Zentrum) des Bereichs von São Lourenço, aus dem sich starke Kräfte in die Landschaft ergiessen. Geht man weiter dem Ufer des Sees entlang (Alameda Alagoas), findet man im dichten Wald an der linken Seite ein Zentrum der Elementarwesen. Schon am Waldrand kann man die hohe Schwingung der Naturintelligenz spüren. Hat man den Wald durchquert und biegt nun rechts ab, Richtung Alameda Fortaleza, so kommt man am weiblichen oder Yin-Zentrum vorbei. Es liegt an der rechten Seite des Weges und ist besonders stark und leuchtend, weil wir uns im Yin-Bereich des ehemaligen Sumpfgeländes befinden.

Um die tieferen Dimensionen von São Lourenço kennenzulernen, sollte man zwei weitere Plätze aufsuchen, die heute noch als heilige Plätze verehrt werden. Der eine ist wegen der dort befindlichen, in den Felsen eingelassenen Marienstatue unter dem Namen "Nossa Senhora da Saúde" (unsere Frau der Gesundheit) bekannt. Er ist auf der geistigen Ebene gekennzeichnet durch die Präsenz eines

Landschaftsengels. Der andere Ort ist auf dem felsigen Vorsprung zu finden, der bis in die Mitte des Parkes reicht und "Eremida do Bom Jesus do Monte" genannt wird. Dies ist der Platz der Verbindung mit den geistigen Welten, eine Art Kronenchakra des Ortes. Heute steht dort eine Kirche, die man besuchen kann, um sich der inneren Stille zu überlassen.

Für das Aufstellen der Lithopunktursteine habe ich drei Punkte im Park von São Lourenço ausgewählt, die entlang der Leylinie liegen, die durch Matutu und São Lourenço in Richtung Pazifik verläuft. Die drei Punkte sind auch für die Schwingungsqualität des Ortes charakteristisch.

Abbildung 19: *die drei Kosmogramme von São Lourenço*

Der erste Stein befindet sich im westlichen Teil des Parks, jenseits der grossen Strasse, die den Park durchquert. Es ist dies ein Bereich, wo es viele Einstrahlungspunkte der kosmischen Kräfte gibt und man die Präsenz der Planeten und Gestirne deutlich spüren kann. Dementsprechend nimmt das Kosmogramm die Sterne aus der zentralen Kugel der brasilianischen Flagge zum Thema.

Der zweite Lithopunkturstein steht in der Mitte des Parks in der Alameda Franca auf einem Punkt, an dem man die grosse Ausgiessung der wässrigen Kräfte spüren kann, das für São Lourenço und den ganzen Circuito das Águas charakteristische Phänomen. Das Kosmogramm ist so gestaltet, dass es den Rhombus aus der brasilianischen Flagge zeigt, die Kugel darin jedoch in zwei Wassertropfen verwandelt wurde, um das wässrige Element als das zentrale Element Brasiliens hervorzuheben.

Der dritte Punkt, an dem eine Lithopunktursäule gesetzt wurde, ist seinem Inhalt nach dem ersten genau entgegengesetzt. Ging es dort um die Beziehung zum Himmel und zu den Sternen, so wird hier die Beziehung zur Erdtiefe thematisiert. Man findet den Stein, wenn man der Alameda Amazonas fast bis zum Ende des Parkes folgt. Das Kosmogramm nimmt den Rhombus aus der brasilianischen Flagge zum Thema, der hier in eine fest auf dem Boden stehende Pyramide verwandelt wurde.

Allen, die die Lithopunktursteine aufsuchen, möchte ich raten, nicht bloss bei der Betrachtung der Kosmogramme zu verweilen. Man sollte versuchen, die einzigartige Strahlung des durch den Stein verstärkten Kraftpunktes aufzuspüren. Dies kann durch folgende einfache Vorgehensweise erreicht werden. Man schliesse an dem gewählten Platz die Augen und stelle die Einflüsse der sichtbaren Welt einen Moment zur Seite. Danach sammle man sich für eine kurze Zeit im Herzen, um innerlich still zu werden. Sodann lausche man, von dieser Stille ausgehend, auf die Impulse und Gefühle, die einem vom beobachteten Platz entgegenströmen. Oft lassen sich diese auch über Körperreaktionen, d.h. spontan auftretende Bewegungen des eigenen Körpers - gewöhnlich der Hände - erleben. Wenn sich solche Bewegungsimpulse einstellen, sollte man sie nicht unterdrücken, sondern ihnen zum Ausdruck verhelfen, um über den eigenen Körper eine Erfahrung der unsichtbaren Welt zu erlangen.

LAMBARI - CAXAMBU - CAMBUQUIRA

Die vier für unseren Zusammenhang wichtigsten Orte des Circuito das Águas stehen in unterschiedlichen Beziehungen zum Gesamtphänomen "Wasser". Während sich in São Lourenço das Wasser in seinem geistigen Wesen zeigt, so repräsentieren Lambari, Caxambu und Cambuquira drei verschiedene Aspekte des Wassers, wie wir es im täglichen Leben kennen.
Ich meine, man sollte Lambari in Beziehung zu der unendlichen Variabilität der Wassererscheinungen auf der Erde sehen, zu Quellen, Bächen, Flüssen, Seen und Ozeanen. Lambari verkörpert das Urbild der verschiedenen Wasserphänomene, insofern sie noch vereint sind in der Einheit des wässrigen Elements, also bevor sie sich in Tausenden unterschiedlichen Erscheinungsformen über die Erde verteilen.
Wenn ich den Bereich des Wasserparks von Lambari mit dem inneren Auge betrachte, sehe ich unter dem Park eine riesige Sonnenscheibe, allerdings keine feurige, sondern eine wässrige. Von ihr gehen anstatt der Strahlen Flüsse wässrigen Äthers aus. Lambari ist folglich für mich ein Symbol für den unerschöpflichen Reichtum des Wassers auf

dem Planeten Erde. Lambari ist - bildlich gesprochen - eine Offenbarung der Jungfraugöttin, die für die das Leben fördernden Qualitäten des Wassers auf der Erde Sorge trägt. An verschiedenen Plätzen im Wasserpark von Lambari, aber auch an vielen Plätzen in der Stadt kann ich innerlich sehen, wie Wirbel der Wasserkraft aus der Erde aufsteigen. Diese Erscheinungen sind Folge der Ausgiessung durch die "wässrige Sonne", die in der Erdtiefe liegt. Auch der Lithopunkturstein im Wasserpark von Lambari steht auf einem derartigen Punkt.

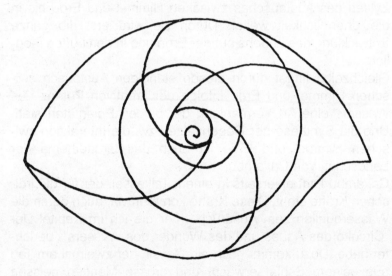

Abbildung 20: *Das Kosmogramm vom Lambari*

Das Kosmogramm auf diesem Stein zeigt die Verwandlung des Rhombus der brasilianischen Flagge in ein Auge und der Kugel in eine Spirale. Dadurch werden beide statischen Formen des nationalen Symbols "flüssig" gemacht. Hinzu kommt ein dreifacher Wirbel, der von der Pupille des "Auges" ausgeht und die erwähnte Ausgiessung der verschiedenen Wasserphänomene über die Erdkugel symbolisiert. Caxambu steht für die kreativen Fähigkeiten und Qualitäten des Wassers, die sich durch das rhythmische Kreisen des wässrigen Elements zwischen Himmel und Erde kundtun. Das Wasser auf der Erdoberfläche verdampft, Feuchtigkeit steigt zum Himmel empor, konzentriert sich in den Wolken und fällt als Regen wieder zur Erde; indem das über die Erdoberfläche verteilte Wasser von neuem verdampft, beginnt ein weiterer Zyklus. Solcherart drehen sich die Zyklen des Austausches zwischen Himmel und Erde bis in die Unendlichkeit weiter. Durch sie wird erst die ganze Entwicklung des Lebens auf der Erde und in den Lüften möglich.

Gleichzeitig findet durch diesen ständigen Austausch zwischen Himmel und Erde infolge der kreativen Potenz des Wassers eine Art Vermählung der beiden Polaritäten statt. Und die Synthese der Gegensätze bzw. die Interaktion zwischen Himmel und Erde ist auch das Grundthema der Landschaft von Caxambu.

Caxambu liegt einerseits in einem Talkessel, der für die irdischen Kräfte steht. Diese Kräfte kommen v.a. auch durch die Wasserquellen zum Ausdruck, über die ich im Kapitel Der "Circuito das Águas und das Wunder des Wassers" berichtet habe. Dazu kommt noch ein Geysir, der zweimal am Tag aus seinem Schlaf erwacht und grosse Mengen heissen Wassers in die Luft speit. In all diesen Fällen geht es um Kräfte, die im Bereich des Kessels von Caxambu aus der Erdtiefe aufsteigen und sich in die Atmosphäre ergiessen.

Der andere Pol ist vertreten durch den pyramidenförmigen Berg, der am Rand des Kessels steht und als Leiter der himmlischen Kräfte fungiert. Man kann ihn leicht an der Seilbahn erkennen, die auf seinen Gipfel führt. Betrachte ich

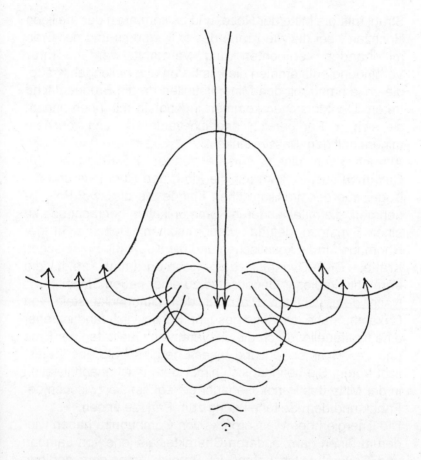

Abbildung 21: Der heilige Berg von Caxambu mit seiner Kräftedynamik

diesen Berg von weitem, so sehe ich eine goldene Achse, die, senkrecht aus den Höhen des Universums kommend, wie ein Lichtstrahl in den Gipfel des Berges "einsticht". Im Inneren des Berges sehe ich eine breit ausgefaltete silberne Rose, die ihre Kräfte aus der Erdtiefe bezieht. Der goldene

Strahl trifft die Mitte der Rose, und es kommt zu der "heiligen Hochzeit", bei der die Kräfte des Universums und der Erde miteinander verflochten und vermählt werden. Ihrer Verbindung entstammen die kostbaren und heilenden Kräfte, die zusammen mit den Mineralquellen an die Erdoberfläche treten. Die Menschen kommen in Kontakt mit ihnen, indem sie sich im Parkbereich innerlich versenken und von dem mineralhaltigen Wasser trinken.

Als ich nach einem entsprechenden Kosmogramm für Caxambu suchte, kam mir die Idee, den Rhombus und die Kugel aus der brasilianischen Flagge als die zwei Pole zu nehmen, die miteinander in Kommunikation gebracht und zu einer Synthese geführt werden sollten. Dabei steht der Rhombus für die kosmischen und die Kugel für die irdischen Kräfte. Die Dynamik des Kosmogramms zeigt die Vermählung dieser Gegensätze zu einer neuen Einheit.

Nach dem richtigen Platz für den Lithopunkturstein von Caxambu habe ich lange gesucht. Schliesslich fand ich aber eine Kraftquelle, durch die die vereinten Qualitäten der Erde und des Himmels entlang einer Energiespirale ans Tageslicht treten. Sie befindet sich hinter der Flaschenabfüllstation in der Mitte des Parks. Genauer gesagt, ist sie zwischen der Fabrik und dem Seiteneingang zum Park zu finden.

Die Energien des Wasserparks von Cambuquira haben wiederum einen ganz anderen Charakter als jene von Lambari und Caxambu. Ich nehme im Bereich unter dem dortigen Wasserpark eine reiche Dynamik wahr: es kocht, sprudelt und dreht Spiralen. Von seiner Symbolik her steht Cambuquira für die wandelnde Kraft des Wassers, die Fortschritt und Entwicklung fördert. Ich denke hier an die "weiche" Macht des Wassers, die fähig ist, gigantische Berge abzutragen und tiefe Talrinnen in das Gesicht der Erde einzugraben. Aber auch Flutwellen, Gewitter und Gletscher sind reale Symbole der Aktivität des Wassers, die, äusserlich betrachtet, zerstörerisch wirken kann, tatsächlich jedoch Umstände schafft, die einen neuen Zyklus der Entwicklung in Gang setzen. Das Ende ist zugleich ein neuer Anfang.

Abbildung 22: *Das Kosmogramm von Caxambu*

Wegen dieses für den Fortschritt unentbehrlichen Elements der Wandlung habe ich das Kosmogramm von Cambuquira vom Begriff "Fortschritt" aus der brasilianischen Flagge abgeleitet. Die Zeichnung zeigt vier Fische - Wasserwesen -, die in einer ständigen Drehung begriffen sind, bei der sich Impulse, die aus dem Innern des Kreises stammen, andauernd abwechseln mit solchen aus der Peripherie. Der Lithopunkturstein mit diesem Zeichen steht auf dem Weg zum Teich im Wasserpark von Cambuquira.

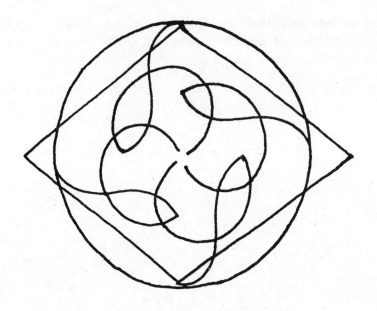

Abbildung 23: *Das Kosmogramm von Cambuquira*

Zu guter letzt könnte man sagen, dass die Kosmogramme von Lambari, Caxambu und Cambuquira - und mit ihnen die Städte selbst mit ihrer ganzen Identität - alle in einer bestimmten Beziehung zu dem Spruch auf der Flagge Brasiliens stehen. Lambari - und entsprechend sein Kosmogramm - steht in einer innigen Beziehung zum vergessenen Prinzip "Liebe", Caxambu vertritt mit seinen kreativen Kräften das Prinzip "Ordnung" und Cambuquira, wie gesagt, den "Fortschritt". Zugleich sind in diesen drei Begriffen die Qualitäten enthalten, die die dreifältige Grundlage des Lebens in all seinen Erscheinungen und Dimensionen darstellen:
- "Liebe" steht für die alles zusammenhaltende und verbindende Kraft des Universums.

- "Ordnung" symbolisiert die schöpferische Interaktion zwischen den Gegensätzen, durch die das gesamte Lebensgewebe in seiner vollkommenen Ordnung hervorgebracht wird.
- "Fortschritt" steht für die Kraft der Wandlung, die das Überholte abbaut, um Platz für eine neue Entwicklung zu schaffen.

RIO DE JANEIRO IST DAS TOR

Nachdem unsere Arbeit bei der Aufstellung des Lithopunktursystemes von Circuito das Águas Ende August 1998 abgeschlossen war, haben wir mit Marika und Franklin die zwei übrig gebliebenen Tage - auf unseren Europaflug wartend - in Rio de Janeiro verbracht.

Nun war die Gelegenheit da, innerhalb der Stadt nach der erwähnten Leylinie zu suchen, die vom Atlantik kommend Rio de Janeiro durchquert. Sie verläuft durch das Gelände von Matutu und strömt weiter in Richtung Amazonien und Kolumbien. Wie schon beschrieben, erreicht sie das Land in Rio de Janeiro an der Ponta de Copacabana, wo einst die Wallfahrtskiche der Madonna von Copacabana stand, die während der letzten Militärdiktatur der erweiterten militärischen Nutzung des sakralen Ortes weichen musste.

Auch habe ich erwähnt, dass der wirbelnde Strom der Leylinie den Botanischen Garten von Rio in der Nähe des grossen Springbrunnens durchquert. Als wir dieses geomantische Detail an Ort und Stelle untersucht haben, hat Franklin eine zweite Leylinie entdeckt. Sie verläuft entlang der majestätischen, von hundertjährigen Palmen flankierten zentralen Allee, in deren Mitte der Springbrunnen steht. In seiner Nähe kreuzt sie die erste Kraftbahn, die wir von Matutu kennen.

So weit waren wir vor unserem Abflug mit weiterführenden

Untersuchungen gekommen. Franklin Frederick, der in Rio de Janeiro wohnt, ist jedoch im folgenden Jahr diesen Spuren weiter nachgegangen und hat mich mit seinen Entdeckungen erfreut, als ich im November 1999 Brasilien wieder besuchte. Neben anderen hat er noch eine dritte Leylinie aufgespürt, die auch den Botanischen Garten streift, jedoch unter einem anderen Winkel, sodass sie entlang der Achse der ehemaligen Königskapelle im Stadtzentrum wiederzufinden ist. Es ist merkwürdig, dass alle drei Leylinien sich im Bereich des Botanischen Gartens untereinander so kreuzen, dass dabei ein gleichschenkliges Dreieck mit einer Seitenlänge von etwa fünfhundert Metern entsteht. Als ich im Herbst 1999 wieder meine geliebten Plätze in Rio de Janeiro aufsuchte, war ich freudig überrascht. Jahrelang habe ich mich um ihre Entschlüsselung bemüht und bin zumeist bei halbklaren Gefühlen steckengeblieben. Diesmal ging es wesentlich besser, und ich konnte alles viel klarer wahrnehmen. Hat die Lithopunktur des Circuito das Águas inzwischen entlang der erwähnten Leylinie bis hierher klärend gewirkt? Schon im Kapitel über den Landschaftstempel Brasiliens habe ich angedeutet, dass die gewaltigen Kräfte des Atlantischen Ozeans in Bereich von Rio de Janeiro vom südamerikanischen Kontinent eingeatmet werden. Nun konnte ich den einströmenden "Tornado" des wässrigen Äthers genauer beobachten und auch lokalisieren. Er wird im Bereich des Ozeans aus vielen Kraftsträngen zusammengeflochten und saust danach, einem wässrigen Drachen ähnlich, in Richtung des beühmten Strandes von Copacabana zum Land hin.

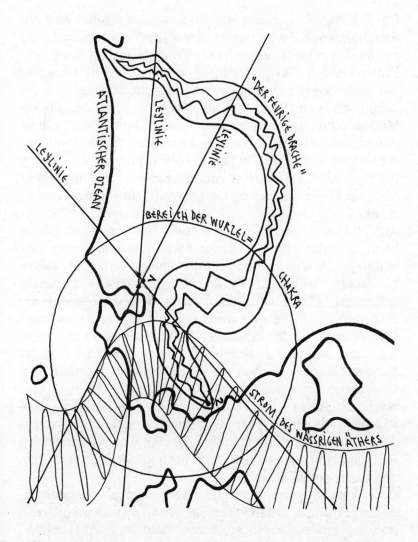

Abb. 24: *Das Gebiet von Rio de Janeiro mit dem Strom des wässrigen Äthers vom Ozean her und den drei Leylinien. (1) Dreieck am Botanischen Garten, (2) Position der Gloria*

Der Strand von Copacabana - mit diesem Namen wird ein Stadtbezirk von Rio benannt - ist mehrere Kilometer lang und hat die Form einer Mondsichel. Sie ist zwischen zwei markanten Landspitzen gespannt, die in den Ozean hineinragen. Die westliche davon, Ponta de Copacabana, kennen wir schon als den Platz der unglücklicherweise zerstörten Marienkirche, der von der nach Matutu führenden Leylinie durchquert wird. Die östliche Landspitze wird Ponta de Arpoador benannt und ist durch einen eiförmigen Granitberg gekennezeichnet. Sie wird von der zweiten, im Zusammenhang mit dem Botanischen Garten erwähnten Leylinie durchquert.

Auf diese Weise entsteht ein fast symmetrisches Landschaftstor, durch das der heranwirbelnde Strom des wässrigen Äthers in Empfang genommen wird. Die beiden Landzungen sind in der Funktion der Torpfosten kraftmässig polarisiert. Ponta de Copacabana hält vorwiegend die Beziehungen zu den kosmischen Kräften und ihr östlicher Gegenpol die zu den irdischen. Die Stärke des Raumes wird noch von den beiden Kraftbahnen unterstützt, die eine Art Schere bilden, zwischen deren Schenkel der Strand von Copacabana sich ausdehnt.

Nachdem dieses eindrucksvolle Tor von Copacabana durchflossen wird, windet sich der riesige Strom des wässrigen Äthers durch die Stadtlandschaft von Rio de Janeiro in Richtung Norden, um sich dann entlang der östlichen Seite des Kontinentes zu verteilen.

Dabei kommt es noch zu einem zweiten imposanten geomantischen Erreignis. Mitten in der Stadt begegnet der vom Ozean heransausender "wässriger Drache" dem "feurigen Drachen", der seine Kräfte in Form einer Gebirgskette offenbart. Sie windet sich in einem Bogen von Westen nach Osten bis in die Stadtmitte von Rio hinein. Man bezeichnet sie mit verschiedenen Namen, aber am ehesten ist sie als Serra de Carioca bekannt.

Die breite Gebirgskette stellt einen Segen dar für die Grossstadt von Rio, weil sie mit einem gesunden Wald bewachsen ist, dem zweitgrössten Stadtwald der Welt. Zugleich bezieht das Gebirge seine Kraft von der feurigen Natur des Granites, der den stofflichen Körper bildet. Es sind Urkräfte der Natur, aus denen der "feurige Drache" von Rio de Janeiro gespeist wird. Durch seine Ausseinandersetzung mit dem vom Ozean sich windenden "wässrigen Drachen" entsteht mitten in Rio ein starkes Kraftfeld. Die beiden polarisierten Urkräfte erzeugen ein kreisförmiges Feld zentriert im Granitberg von Corcovado, der durch die überhohe Christusstatue mit ausgebreiteten Armen gekrönt wird.

Meine Intuition besagt, dass dieses Kraftfeld eigentlich ein Chakra des südamerikanischen Kontinentes darstellt, und zwar das Wurzelchakra. So bezeichnet man dasjenige Kraftzentrum, durch das die Urkräfte des Erdplaneten aus seinen tiefsten Schichten aufsteigen, um die Lebensströme der Erdoberfläche zu nähren. Die Drachenkräfte sind ein traditionelles Symbol für die Urkräfte der Elemente, und es ist kein Zufall, dass gerade im Bereich des in Rio plazierten Wurzelchakras die polarisierten Kräfte aufeinanderprallen.

Zur Komposition des Wurzelchakras gehören noch einzelne Granitberge, die im Gebiet von Rio de Janeiro wie gigantische Megalithsäulen aus dem Boden aufragen. Sie prägen das bekannte Panorama der Stadt. Ihre Funktion im Bereich des Wurzelzentrums wäre es, die emotionalen und geistigen Qualitäten der Erdmitte (sprich: der Erdseele) ans Tageslicht zu befördern.

Der berühmteste von ihnen ist wohl der nach seiner ungewöhnlichen Form benannte Paõ de Acúcar (Zuckerhut). Ich sehe ihn als das Urei der Schöpfung, um das sich die Schlange der Weltschöpferin emporwindet.

Der geheimnissvollste ist jedoch der Pedra de Gavea.

Sein Gipfel ähnelt zwei mit einem Doppelhut bedeckten göttlichen Gesichtern, die in zwei entgegengesetzte Richtungen blicken. Als ich ihn mit meinem innern Auge betrachtet habe, verschwand der Berg in der Erdtiefe, um danach erneut aus dem Boden aufzusteigen, diesmal in einer kristallweissen Gestalt.

Als meine Mitarbeiterin Ana Pogačnik sich mit der Bitte an die Engelwelt wandte, Einsichten in die Geschichte des Berges zu gewinnen, wurde uns bestätigt, dass der Pedra de Gavea seit Urzeiten zu den wichtigsten Plätzen der hiesigen Landschaft gehört hat. "Als heiliger Berg repräsentierte er gleichzeitig die Erde wie auch den gesamten Kosmos. Dadurch verkörperte er die Rolle des Herzens und wurde als Platz für die wichtigsten Rituale gewählt. Sie fanden nicht auf dem Gipfel statt, weil der Berg zu heilig war, um darauf zu klettern, sondern an seinem Fusse. Sie strahlten das reinste Licht und die stärkste Kraft aus...".

Die geomantische Beschreibung von Rio de Janeiro hört sich wunderschön an. Als Ana sich jedoch nach dem aktuellen Zustand der Stadlandschaft erkundigte, war die Antwort weniger erfreulich. Der Erdheilungsengel bestätigte, dass Rio über ein enormes Naturkraftpotenzial verfügt, das aber wegen der gegenwärtigen Probleme nur zu dreissig Prozent zur Wirkung gelangt. Die Kraftorgane des Ortes seien in einem schlechten Zustand, besonders bedrohlich aber sei die totale "Enterdung" des Raumes.

DIE SEELE DES LANDES

Wie dankbar bin ich meinem brasilianischen Freund Franklin Frederick, dass er Gloria entdeckt hatte. Nur aufgrund der Besuche dieser Marienkirche im November 1999, konnte ich meine Darstellung des Landschaftstempels von Brasilien abrunden.

Gloria, eine barocke Marienkirche, die der portugiesische Königshof errichten liess, befindet sich auf einem felsigen Vorsprung mitten in Rio de Janeiro. Diesen Vorsprung kann man als die Zungenspitze des "feurigen Drachens" ansehen, dessen Bergrücken, über Corcovado sich hinunterlassend, bei der Kirche früher das Wasser des Ozeans berührte.

Das spielt sich heute leider nicht mehr so dramatisch ab, da die ursprüngliche Meeresküste zugeschüttet wurde und heute die Stadtautobahn am Felsen von Gloria entlang verläuft. Nun sitzt die Kirche buchstäblich auf dem Trockenen, einige hundert Meter vom Ozean entfernt.

Als erstes bemerkten wir zusammen mit Franklin, dass aus der Mitte des Heiligtums acht Kraftbahnen sternförmig in die umgebende Landschaft verlaufen. Es war uns bald klar, dass es sich nicht um übliche Leylinien handelt, sondern vielmehr um geistige Verbindungslinien. Wohin laufen sie? Als ich mich im Kirchenraum anschliessend ins Zentrum dieses "Sternes" begab, hatte ich das erhabene Gefühl, inmitten einer wundersamen Blüte zu stehen und von einer paradiesischen Landschaft umgeben zu sein. Es wurde mir gewahr, dass ich mit dem Urbild Brasiliens in Beziehung gekommen war. Erst als ich die Augen wieder öffnete, bemerkte ich, dass rund herum an den Kirchenwänden die Geschichte eines Hirten dargestellt wird, der von einem Engel durch verschiedene Räume des Paradieses geführt wird. Brasilien - ein Pfad zum Paradies!

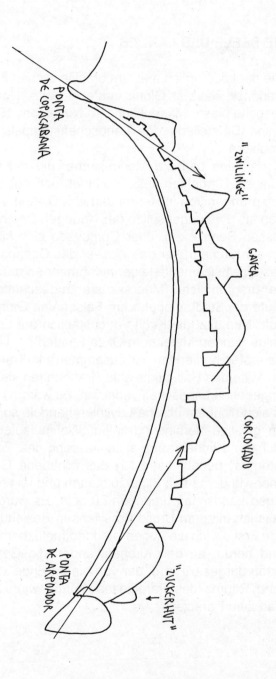

Abb. 25: Copacabana, ein Stadtteil von Rio mit seinem mondsichelartigen Strand, den beiden Leylinien links und rechts, dahinter einige der Granit- berge

PONTA DE COPACABANA

"ZWILINGE"

GAVEA

CORCOVADO

PONTA DE ARPOADOR

"ZUCKERHUT"

Nun kam dazu die Intuition - noch weiter in der Sternmitte stehend - sich gleichzeitig mit verschiedenen heiligen Orten Brasiliens zu verbinden, mit Caxambu, Águas Emendadas, Uoro Preto und anderen. In dem Moment gab es förmlich eine Explosion, der Boden wurde vor mir aufgerissen, und eine gewaltige nackte Göttin tauchte bis zu den Hüften aus dem Erdboden auf. Ich wusste, das ist die Seele des Landes. Endlich schaute ich sie von Angesicht zu Angesicht! Anschliessend lenkte ich meine Aufmerksamkeit zu den anderen sakralen Orten, die ich in Brasilien kenne. Als ich zu Patio do Colegio in der Mitte von São Paulo schaute, sah ich dort eine fast identische Göttin auftauchen, jedoch ganz in schwarz. In Águas Emendadas war sie dunkelblau, in Uoro Preto hell wie der Himmel, usw...

Ich verstand sofort, dass mir ein bislang unbekannter Aspekt des Landschaftstempels von Brasilien gezeigt wurde, durch den die Seele des Landes sich offenbart. Er gleicht einem Netzwerk, geflochten aus gradlinigen geistigen Bahnen und die sakralen Orte des Landes miteinander verbindend. Aus dem Zentrum von Gloria verlaufen acht Bahnen zu den ersten acht Orten. Von jedem von ihnen laufen wieder acht Linien aus, die mit den nächsten 64 (8 mal 8) heiligen Plätzen verbunden sind usw... Im ersten Teil des Buches haben wir den Landschaftstempel Brasiliens unter dem Gesichtspunkt des Elementes Wasser kennengelernt. Nun kommt sein seelischer Aspekt hinzu, durch den die geistige Identität des Landes sich offenbart. Wer kann wissen, was dieses Land noch an Geheimnissen verbirgt? Jedenfalls sollten wir uns nicht wie in der modernen Kultur der Täuschung hingeben, dass die Ära der Entdeckungen vorbei sei. Obwohl gerade in diesem Jahr die 500-Jahr-Feier der Entdeckung Brasiliens bejubelt wird, hoffe ich mit diesem Buch zu zeigen, dass wir erst am Beginn der ganzheitlichen Endeckung dieses (leider kaum noch) paradiesischen Landes angelangt sind.

WANDLUNG DER ERDE - WANDLUNG DES MENSCHEN

Man könnte sich zuletzt fragen, warum alle diese Überlegungen zu den tieferen Schichten der Erde, der Landschaft, der Symbole usw. - ist das Leben auf der Erde nicht schon kompliziert genug? Muss man es denn durch die Einführung von unsichtbaren und für den Verstand schwer begreiflichen Dimensionen noch komplizierter werden lassen? Ich muss gestehen, dass ich das Problem genau umgekehrt sehe. Weil der Mensch sich vor der wunderbaren Ganzheit der Erde und der Natur verschlossen hat, wird das Leben in uns und ausser uns so kompliziert und bedrohlich. Weil wir als Kultur und Zivilisation durch unsere Vorstellungen das meiste blockieren, was die Kraft und Schönheit der Natur ausmacht, sind wir dauernd mit den Erscheinungen ihres Sterbens und mit Katastrophen verschiedenster Art konfrontiert. Diese betrüblichen Erfahrungen kann uns freilich niemand abnehmen. Wir selbst tragen den Schlüssel für ihre Verwandlung in uns. Jeder ist als freier Mensch in der Lage, seine begrenzenden und blockierenden Vorstellungen aufzulösen, sich für die Fülle und Mehrschichtigkeit des Lebens zu öffnen und dadurch zur Befreiung der Erde von den Fesseln der alten Glaubensmuster beizutragen.

Nun kann aber die Erde nicht unendlich lange warten, bis der Mensch von sich aus bereit ist, eine grundlegende Wandlung in diesem Sinne auf sich zu nehmen. Zu sehr wird sie durch die Millionen von Menschen, die durch ihre Denk- und Handlungsweise ihre Potenziale lähmen, bedrückt, um dies noch länger ertragen zu können. Andererseits ist sie auch ein göttlicher Himmelskörper, der seine besondere Rolle innerhalb des Sonnensystems und der Galaxie zu erfüllen hat, sie kann nicht einfach zusammenbrechen und aus der Weltenordnung verschwinden. Was geschähe denn in diesem Fall mit all ihren Lebewesen und letztendlich auch mit uns Menschen?

Um dieser Gefahr langfristig entgegenzuwirken, hat die Erde in den letzten Jahren einen Selbstheilungs- und Wandlungsprozess eingeleitet, durch den sie eine neue Stufe ihrer Entwicklung erreichen wird. Man spricht heute häufig von "Erdveränderungen", aber eigentlich handelt es sich dabei um einen viel weiterreichenden Prozess, sodass ich lieber den Ausdruck "Erdwandlung" verwende.

Über die gegenwärtige Erdwandlung habe ich manches durch eigene Wahrnehmungen und Einsichten erkannt, anderes durch die Botschaften aus der Engelwelt erfahren, die meine Töchter und Mitarbeiterinnen, Ana Pogačnik und Ajra Miška erhalten haben. Zusammengefasst kann man sagen, dass die Erde in der nächsten Periode ihre lange Zeit verstummten und weitgehend unterdrückten Potenziale neu entfalten und zum Ausdruck bringen wird. Das bedeutet, dass die verschiedenen Ebenen und Dimensionen der Erde, über die ich im vorliegenden Buch gesprochen habe, auch für den Menschen immer stärker zu spüren und zu erleben sein werden. Was heute noch als Märchen abgetan werden mag, könnte morgen schon einen festen Bestandteil unserer Realität ausmachen.

Während meiner letzten beiden Besuche in Brasilien 1998 und 1999 habe ich auch dort Spuren der Erdwandlung wahrgenommen. Als ich zum Beispiel in São Paulo, dieser übergrossen Stadt mit 22 Millionen Einwohnern, bemerkt habe, dass die Lebensqualität des Bodens schwindet, habe ich zugleich auch eine Art Säule aus kristallweissem Licht in der Stadtlandschaft stehend erspürt. Offenbar wird der Stadt von einer hohen geistigen Kraft geholfen, die Gefahr ihres energetischen Zusammenbruchs zu überbrücken. Auch in Rio de Janeiro habe ich über dem erwähnten Dreieck, das durch die dreifache Kreuzung der Leylinien am Botanischen Garten entsteht, etwas Neues wahrgenommen. Über diesem Ort wird eine Doppellichtpyramide aufgebaut, durch die der

83

Stadtlandschaft die Heilungskräfte der Erde und des Universums zufliessen. Gewaltige Selbstheilungsprozesse der Erde sind im gange. In diesem Zusammenhang sehe ich jedoch eine grosse Gefahr für den Menschen. Wenn wir generell den unsichtbaren Dimensionen der Erde gegenüber so verschlossen bleiben, wie wir es heute noch sind, dann droht uns, von der zunehmenden Kraft und Schönheit der Erde "erschlagen" zu werden. Wir könnten in unserer Verschnürtheit die Heilungs- und Erneuerungsprozesse der Erde als eine Art Katastrophe erleben. Die neu quellenden Lebenskräfte könnten als Qual empfunden werden. Wenn der Mensch dagegen rechtzeitig auf die bisher verborgenen Potenziale der Erde aufmerksam wird und ihnen mit Verständnis und mit offenem Herzen begegnet, dann besteht die Aussicht, dass wir uns mit der Erdwandlung einstimmen können, um gemeinsam mit der Erde und der Natur den Pfad zu einem neuen Paradies auf Erden einzuschlagen.

EPILOG - WIEDERBELEBUNG DES LANDSCHAFTS-TEMPELS VON ATLANTIK

Im Zusammenhang mit der schrittweise begonnenen Wiederentdeckung Brasiliens, von der ich in diesem Buch berichte, wäre noch wichtig, das Werk der Wiederbelebung des Landschaftstempels von Atlantik zu erwähnen, bei dem Brasilien ebenfalls eine Rolle spielt. Der erste Schritt wurde am 10. August 1999 getan, am Vorabend der Sonnenfinsternis, als sich 47 Erdheilungsgruppen, die z. Z. in Europa und Brasilien wirken, innerlich zu einer simultanen Aktion zusammengeschlossen haben. Die meisten der Gruppen waren entlang einer Achse verteilt, die ich als den Rückgrat Europas wahrnehme. Sie verläuft von Kreta aus über den Balkan, mitten durch Mitteleuropa, über die Nordsee, den Norden Schottlands bis nach Island. Dabei ging es zuerst darum zu helfen, die Abgetrenntheit des Balkans vom Rest des Kontinents geistig-energetisch zu überwinden und die Qualität der Ganzheit Europas zu fördern. Zum zweiten ging es darum, den Landschaftstempel Europas in den grösseren Zusammenhang einzugliedern, zu dem er ursprünglich gehört. Bei meinen Tätigkeiten in Mexico und Brasilien habe ich entdeckt, dass sich der Landschaftstempel Europas in eine Komposition planetaren Charakters eingliedern lässt, zu der auch die dem Atlantik zugewandten Teile von Nord-, Mittel- und Südamerika sowie von Afrika gehören. Meinem Gefühl nach handelt es sich um die geistig transformierten Kräfte der versunkenen Atlantis, die hoch in der Atmosphäre konzentriert und aufbewahrt sind, um dem ganzen atlantischen Raum besondere Qualitäten einzuprägen. Sie gehören zu der Identität der Länder, die den Atlantischen Ozean umrahmen, und so auch zum Wesen Europas und Brasiliens. Sie stellen sogar das verbindende Glied zwischen beiden dar.

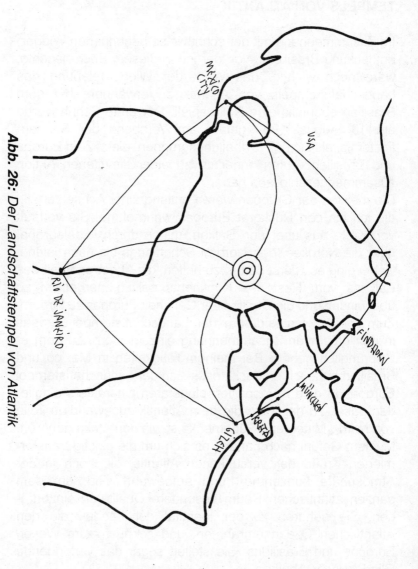

Abb. 26: Der Landschaftstempel von Atlantik

Der Landschaftstempel von Atlantik ist, einem Davidstern ähnlich, aus zwei Dreiecken komponiert. Dasjenige, das den Osten der USA mit dem Rückgrat von Europa verbindet, ist vorerst den geistigen Ebenen gewidmet. das andere jedoch, das Südamerika und Afrika einschliesst, den Lebenskräften des Planeten. Wie bei einem Menschen regiert oben der Verstand und unten die Lebenskraft. Eine derartige Differenzierung der Funktionen innerhalb der beiden Dreiecke des Davidsterns ist auch auf der wirtschaftlichen, künstlerischen und politischen Ebene nachvollziehbar. Sie droht sogar immer wieder in eine scharfe Polarisierung zu führen. Der kopflastige Norden unterschätzt die Rolle der im Unterleib, d.h. im Süden zentrierten Lebenskräfte und ist nur noch an ihrer Ausbeutung interessiert. Die schändlichen Jahrhunderte der Kolonisation sind nur ein Beweis dafür.

Der Sinn der gemeinsamen Arbeit der Gruppen im Norden und Süden des Davidsterns wäre es, bewusst an der Neuverbindung der geistigen und irdischen Ebenen in uns und um uns herum zu wirken. Dabei geht es nicht nur um die Wiederbelebung des Landschaftstempels von Atlantik, sondern auch um die wichtigste Aufgabe des Menschen an der Schwelle zum dritten Jahrtausend. Die geistigen und die irdischen Ebenen sollen wieder miteinander verbunden werden, damit der neue irdische Kosmos entstehen wird innerhalb dieser Ganzheit und eine neue Phase der Erd- und Menschheitsentwicklung gedeihen kann.

ANHANG

KÖRPERSIGNALE ALS AUSDRUCK GEISTIGER FÜHRUNG

Als Marko seine erste Brasilienreise im Jahre 1995 antreten wollte, hatte er ganz unerwartet mit starken Schmerzen zu kämpfen. Im Kapitel "Die Flagge Brasiliens als Kosmogramm" spricht er diese kritische Situation und ihre tiefere Bedeutung kurz an. Viel ausführlicher ist seine Schilderung im Buch "Wege der Erdheilung", die hier ergänzend zitiert werden soll.

"Als ich mich zum erstenmal in meinem Leben auf die südliche Halbkugel begab ... kam mir mein Körper auf schmerzhafte Weise zu Hilfe. Ich spürte ungewöhnliche Schmerzen in der linken Hüfte und im Oberflächenbereich des Oberschenkels, sobald ich die brasilianische Botschaft in Wien mit dem Visum in der Tasche verliess. Es wurden verschiedene Ursachen in Betracht gezogen, doch hielt der Schmerz an, bis ich mich eine Woche später mit meiner Frau zum Flughafen begab. In der Wartezeit vor dem Abflug verschärfte sich die Lage weiter, und in der Woche, in der wir im 18. Stock unseres Hotels in Rio de Janeiro auf das Ende der Regenzeit warteten, war der Schmerz schon so ausgeprägt, dass ich nur mit grösster Mühe gehen konnte.

Die Wende, verbunden mit meiner augenblicklichen Genesung, trat erst während unserer Reise in die Wildnis von Petropolis-Lage ein. Eine Heilerin, in der ich innerlich eine Nachfolgerin der indianischen Tradition erkannte, behandelte den Kraftmeridian, der über meiner Hüfte verläuft, und entdeckte dabei, dass sich im Hüft-Unterbereich unerkannte Blockaden manifestiert hatten, die ihren Ursprung in einem schweren Kindheitstrauma hatten. Sie meinte, sie müssten von einem psychischen Druck herrühren, den eine kalte, autoritäre Macht auf meine sensible kindliche Seele ausgeübt hatte. Sofort fielen mir zwei mögliche Ursachen ein: zum einen der Druck des Nazi-Regimes auf meine Eltern in der Zeit vor und nach meiner Geburt - mein Vater unterstützte die Widerstandsbewegung - und zum zweiten die strengen Vorschriften der sozialistische Krankenhausorganisation, die mich als kleines Kind, als ich sechs Wochen lang im Krankenhaus verbringen musste, 'ewig' lange von meinen

Erdheilungsgruppe während des Akupunktursingens im Park von Caxambu

Marika Pogačnik beim Meisseln·an einem Lithopunkturstein

Das Kosmogramm von Maciera, Matutu

Das Kosmogramm des zentralen Lithopunktursteins von São Lourenço

Lithopunkturstein in Matutu

Beim Aufstellen des zentralen Lithopunktursteines in Matutu

Erdheilungsgruppe am Lithopunkturstein von Caxambu

Der zentrale Lithopunkturstein in São Lourenço

Das Kosmogramm von Lambari

Das Kosmogramm von Cambuquira

Landschaft bei Matutu

Rio de Janeiro

Rio de Janeiro, Bucht von Copacabana

São Paulo - "Lithopunktur" einer Grossstadt?

Häuser der Stiftung Matutu im Bundesstaat Minas Gerais

Marko Pogačnik mit Franklin Frederick (rechts)

Eltern getrennt hatten - sie waren für mich 'gestorben'. Wichtig ist hier nicht, was mir persönlich widerfahren war. Ich erwähne es nur, um verständlich zu machen, warum ausgerechnet diese schmerzhaften Schichten aktiviert wurden, sobald ich den ersten Kontakt mit einem Land des südamerikanischen Kontinents aufnahm. Offensichtlich baute sich eine Resonanz auf zwischen den unterbewussten Aufzeichnungen meiner persönlichen Verletzungen, die durch das kaltblütige Vorgehen zweier patriarchalisch-autoritärer Regime entstanden waren, und den Wunden, die sich in den Gefühlsschichten eines Landes eingegraben haben, das das Trauma der Eroberung durch eine ähnlich geartete christlich-autoritäre Kultur - die Konquista - überstehen musste. Offen gesagt, hätte ich bei der Darstellung der Erdheilungsaufgaben für Brasilien die Aktualität der Wunden, die die Konquista vor fünf Jahrhunderten in den Gefühlskörper des Landes geschlagen hat, weit unterschätzt, wenn ich nicht die beschriebenen Schmerzen am eigenen Leib erfahren hätte. Das Durchleiden des brasilianischen Traumas hat aber noch mehr 'Früchte' hervorgebracht. Während die Heilerin nach Auflösung der Blockierung noch an der Harmonisierung meines gesamten Meridiansystems arbeitete, hatte ich eine Reihe von Visionen, die mir kostbare Einsichten in die ursprüngliche Indianerkultur des Landes vermittelten.

Als erstes tauchte vor meinem inneren Blick eine alte, knochige, dunkelrote Indianerschamanin auf, die mich durch ihre fast greifbare Präsenz besonders beeindruckte.

Die Bedeutung ihrer Erscheinung blieb mir erst verschleiert, bis ich mit der Untersuchung des Landes begann. Dabei stiess ich z.B. auf Wesenheiten der Gefühlsebene, deren Rolle ich nie hätte verstehen können, hätte ich nicht die alte Schamanin innerlich um Hilfe rufen können. Es stellte sich nämlich heraus, dass die Welt der Elementarwesen dort weitgehend durch die Mythologie der altindianischen Kulturen geprägt ist, so dass ich mit meinen europäischen Erfahrungen viele Phänomene der südamerikanischen Landschaft nicht einordnen konnte. Die Welt der Elementarwesen ist - verglichen mit unserer Erfahrung der materialisierten, geformten Wirklichkeit - formlos; es handelt sich um Bewusstseinswesenheiten, die jedoch in den Bereichen, wo sich ihr Wirken mit der Tätigkeit der menschlichen Kultur überschneidet, gewisse Formen annehmen, die ausschliesslich der besseren Kommunikation mit den Menschen dienen. Was mich in Brasilien überraschte, war die Ästhetik dieser 'sekundären' Formen der Elementarwelt, die ganz der Formensprache der indianischen Kunst entspricht. Offensichtlich sind damals Kultur und Natur durch ihren Austausch und ihre gegeseitige Beeinflussung zusammengewachsen, was noch heute in den Erscheinungsformen der elementaren Welt erlebbar ist.

So habe ich z.b. einen Park in Rio de Janeiro namens Parque Lage untersucht, um meinen dort geplanten Workshop vorzubereiten. An dem Punkt, an dem das Parkgelände stufenweise zum Granitberg Corcovado anzusteigen beginnt, entdeckte ich ein kleines, aber kraftmässig enorm starkes Naturheiligtum, das um zwei Felsen fokussiert war. Der eine Felsen strahlt ganz hell, wird aber von einer dunklen Wesenheit gehütet. Der andere wird von einer dunklen Kraft durchzogen, die in die Erdtiefe hinabzieht, wird aber im Gegensatz dazu von einem luftig-hellen Wesen gehütet, das darüberschwebt. Es liegt da eine zweifache Polarisierung vor, die ich nicht einordnen konnte, unter anderem deswegen, weil die beiden Wesenheiten mit Symbolen übersät waren, die für die Schriftzeichen der alten südamerikanischen Kulturen charakteristisch sind, in deren Formensprache ich mich leider nicht auskenne.

Das war einer der Momente, in denen ich die alte Schamanin, die sich mir während meiner Heilung in einer Vision gezeigt hatte, zu Rate zog. Sie hat in diesem und in weiteren Fällen versucht, mir durch eine Kombination aus bildhaften und gefühlsmässigen Eindrücken ihre Antwort ins Bewusstsein zu bringen. Ich verstand die Botschaft dahingehend, dass das Heilgtum der Wesenheit des Berges gewidmet ist, an dessen Fuss es sich befindet, also der Deva des Corcovado-Berges. Die Qualität, die diese Deva verkörpert, wurde im meinem Bewusstsein mit der lateinischen Göttin Fortuna assoziiert, die die lichten und die Schattenseiten des Lebens gegeneinander aufwiegt. Deswegen wurden die polarisierten Felsen von der alten Kultur zu einem Heiligtum erkoren."

DIE AMAZONASMESSE

In seinem Buch "Erdsysteme und Christuskraft - Ein Evangelium für das Menschwerden" geht Marko Pogačnik näher auf die im Kapitel "Die Flagge Brasiliens als Kosmogramm" erwähnte Amazonasmesse ein. Es geht in diesem Zusammenhang um übereinstimmende Erlebnisse und Kräfte, die in den kultischen Handlungen der verschiedenen Religionen bedeutsam sind. Da heisst es: "Während eines Besuches in Brasilien im November 1997 habe ich glücklicherweise ein christliches Ritual erlebt, das nicht den beschriebenen Zwiespalt hervorruft. Es handelt sich um ein Ritual, das zu Beginn unseres Jahrhunderts in den Urwäldern Amazoniens entstanden ist. Die Messe besteht aus verschiedenen Hymnen, die, begleitet durch eine fröhliche, rhythmische Musik, von allen Teilnehmenden - Kindern, Frauen und Männern - tanzend gesungen werden. Es wird dabei in einem sich ständig wiederholenden Muster getanzt: zwei Schritte rechts zur Seite, zwei links und wieder zwei rechts. Die 'amazonische Messe' habe ich in einer grösseren Gemeinschaft im Süden des Staates Minas Gerais miterlebt, die sich stark im Bereich des Wasser- und Waldschutzes engagiert und den Namen 'Matutu-Stiftung' trägt. Man hat für diesen Zweck einen runden Raum gebaut, dessen Dach von einer zentralen Holzsäule getragen ist. Als ich den Raum besuchte, noch bevor ich zum Ritual eingeladen wurde, fiel mir auf, dass er vital-energetisch klar polarisiert ist. Die Kräfte der rechten Hälfte sind männlichen Charakters und ziehen himmelaufwärts. Die linke Hälfte ist weiblich polarisiert und zieht zum Erdinneren hin. Die Mitte fühlt sich hingegen ausgeglichen an und schwingt in einem Yin-Yang-Rhythmus. Als sich die Mitglieder der Gemeinschaft zum Ritual versammelt hatten, konnte ich die energetische Beschaffenheit des Raumes verstehen. Die Männer singen und tanzen immer auf der rechten, die Frauen auf der linken Seite. Im Bereich der ausgeglichenen Strahlung, zwischen den Frauen und Männern, nahmen die Kinder Platz, die Mädchen im hinteren, die Jungen im vorderen Bereich des Raumes. Die Musikanten sitzen um die Säule in der Mitte herum. Ich durfte bei ihnen sitzen, um den Vorgang des Rituals innerlich gut beobachten zu können. Es beginnt und endet mit einem gemeinsam gebeteten Vaterunser, um dem Ritual seinen christlichen Rahmen zu sichern. Dazwischen werden ungefähr eine Stunde lang ununterbrochen einzelne Hymnen gesungen und getanzt. Meine Erfahrung war einmalig. Im Unterschied zu einer gewöhnlichen Messe, wo ich unentwegt mit Unklarheiten kämpfen muss, war meine innere Schau von der ersten bis zur letzten Hymne nie getrübt. Nur bei einem Gesang legte sich ein Schleier über das innere Bild. Mit einiger Mühe habe ich herausgefunden, dass die Hymne einer Nymphe, einem Wesen des Elementes Wasser, gewidmet ist. Offensichtlich versucht man, ihren wahren Inhalt zu verdecken, weil man den Vorwurf scheut, heidnisch zu sein.

Das innere Bild, das die ersten Hymnen begleitete, begann mit einer Gruppe von drei hohen Palmen, von denen eine eine reife Kokosnuss trägt. Die Nuss fällt auf die Erde und öffnet sich in vier Teile. Von ihrem weissen Kern aus laufen strahlend weisse Bänder in den vier Himmelsrichtungen über die Erde, so dass ein gleichschenkliges Kreuz entsteht, das die ganze Welt umfasst. Aus der Mitte dieses Weltenkreuzes erwachsen wiederum drei Palmen, von denen eine eine reife Kokosnuss trägt. Die Nuss fällt auf die Erde .... Eine Nuss trägt die Merkmale des Christuskosmogramms aus der Brotvermehrungsgeschichte als Urbild in sich. Die braune, rauhe Aussenseite der Nuss steht für die irdischen, die weisse, süsse Innenseite für die geistig-seelischen Ausdehnungen des Seins. Beide sind in einem Fruchtkörper vereint. Während einer der Hymnen trat an die Stelle der drei Palmen in der Mitte des weissen Kreuzes eine wundervolle weibliche Gestalt, die ich mit Maria-Sophia, dem weiblichen Aspekt Christi, gleichsetze. Auch gab es eine Gruppe von Liedern, bei denen meine Aufmerksamkeit wieder in meine Herzmitte gezogen wurde. Von dort aus bot sich meiner Schau eine unbeschreiblich freudige Ausstrahlung aller möglichen Farben, die sich in die Umwelt ausbreiteten. Als die Gemeinde bei der letzten Hymne angelangt war, spürte ich in mir und um mich herum die Gegenwart Christi, die keine Form annahm, sondern sich in ihrer einmaligen geistig-emotionalen Qualität kundtat. Nicht nur wir, die Teilnehmenden, unsere gesamte Mitwelt war von Glückseligkeit und Geist durchtränkt."

BRASILIA - EIN WEIBLICHER KRAFTORT

In diesem Buch konnte leider nicht ausreichend auf die besondere Situation der neuen brasilianischen Hauptstadt Brasilia eingegangen werden. Diese Stadt wurde erbaut auf einem der weltweit wichtigsten Zentren der weiblichen Kraft. Es handelt sich um einen Kraftort mit überragender Bedeutung für das Land und das planetare Gleichgewicht.

Marko Pogačnik hat Brasilia 1995 erstmalig besucht und seine Erfahrungen in dem Buch "Wege der Erdheilung" geschildert: "Im Jahr 1957 wurde in Brasilien der Beschluss gefasst, die Funktion der Hauptstadt von Rio de Janeiro nach einem 935 km entfernten Ort zu verlegen, an dem es nie eine Stadt gegeben hat. Oberflächlich betrachtet hat man dazu einen beliebigen, weit in der unfruchtbaren Hochebene gelegenen Ort ausgesucht. Bei näherem Hinsehen wird jedoch deutlich, dass für den Standort der Hauptstadt der heiligste Platz der alten indianischen Kultur ausgewählt wurde. Diese Tatsache hat mich bewegt, mich für Brasilia zu interessieren, als ich im November 1995 zusammen mit meiner Frau Marika eingeladen war, um in Brasilien unseren Zugang zur Geomantie und Erdheilung zu präsentieren. Obwohl Brasilia in unserem Reiseplan zunächst nicht vorgesehen war, habe ich während der Vorbereitungen für die Reise doch vorsichtshalber meine Tochter Ana gebeten, den Erdheilungsengel über die Lage von Brasilia zu befragen. Seine Antwort lautete: 'Kurz gefasst, kann ich sagen, dass die Lage ähnlich ist wie beim Park in São Lourenço. Das Kraftpotential des Ortes ist durch den Bau der Stadt und durch andere Missetaten in unbeschreiblichem Ausmass zerstört. Dazu gilt es zu bedenken, dass sich an dem Ort die drittstärkste Quelle der weiblichen Kraft des Planeten Erde befindet. Ihr könnt euch also vorstellen, welch ungeheure Kraft nun unterdrückt und falsch gebraucht wird. Es tut mir weh, so etwas sagen zu müssen, aber so ist die Lage, und ihr werdet euch auf die eine oder andere Weise damit auseinandersetzen müssen, da es sich um Plätze handelt, die für den Planeten Erde und für uns alle wichtig sind.

Und tatsächlich ist es so gekommen, dass wir sofort nach unserer Ankunft in Belo Horizonte von unserem Gastgeber, dem

Präsidenten der Industriekammer des Bundesstaates Minas Gerais - deren Ökologieabteilung uns eingladen hatte - gefragt wurden, ob wir am nächsten Morgen zusammen mit einer Delegation nach Brasilia reisen wollten, um die Hauptstadt kennenzulernen. Ohne zu zögern haben wir uns der Gruppe angeschlossen. Auf diese Weise waren wir einen ganzen Tag frei, die Hauptstadt auf geomantische Gesetzmässigkeiten hin zu untersuchen. Der brasilianische Architekt Oscar Niemeyer hat die Form der Stadt Brasilia nach dem Vorbild eines Flugzeuges konzipiert. Eine breite, mehrspurige und schnurgerade Strasse bildet die zentrale Hauptachse, an der sich ein öffentlicher Gebäudeblock an den anderen reiht. Die quer dazu verlaufenden Wohnviertel bilden die Flügel des imaginären Flugzeugs. Den Platz des Cockpits nehmen die Paläste des Kongresses, des Bundesgerichts und des Präsidenten ein.

Man kann sich lebhaft vorstellen, was für einen Schock es für die weibliche Qualität des Ortes bedeutet, wenn dieser nicht nur gedanklich in ein solch rein rationalistisches Konstrukt hineingepresst, sondern auch in den entsprechenden verstandesmässig-quadratischen Formen der modernen Architektur in den Boden eingepflanzt wird. Die Übermacht der daraus entstehenden Yang-Kräfte ist enorm, und es hat mich viel Mühe gekostet, das darunter verschüttete Yin-Chakra zu entdecken. Wenn ich mit meinem Zeigefinger über den Stadtplan fuhr, konnte ich seine Ausstrahlung an dem Platz spüren, der durch den mitten in der Achse stehenden 218 Meter hoch aufragenden Fernsehturm bezeichnet wird. Obwohl ausgerechnet der spitze Fernsehturm, eines der stärksten Yang-Denkmäler der Stadt, daraufsteht, habe ich es doch als eine gewisse Entlastung empfunden, dass Teile des sensiblen Gebietes links und rechts der breiten Achse als Parklandschaft ausgewiesen und unbebaut sind. Anschliessend gingen wir zu dem betreffenden Parkgelände, wo ich lange vergebens nach Plätzen suchen musste, um mit meinem inneren Blick die entfremdeten Schichten, die über dem Ort liegen, zu durchdringen. Als es mir schliesslich gelang, sah ich ein Kraftgebilde ähnlich einer riesigen Sonnenblume, das aus der Tiefe in Richtung Erdoberfläche emporwächst. Der Stengel des blumenähnlichen Chakras stellt den Kanal dar, durch den dieses mit den Erdkräften gespeist wird. Seine Struktur erinnert an die Sonnenblume, die aus unzähligen kraftspeichernden Kernen zusammengesetzt ist, die ein regelmässiges geometrisches Muster bilden. An der Erdoberfläche dürfte es einen Kreis von mindestens achthundert Metern Durchmesser abdecken. Auf der Ebene aber, wo sich seine Wirkung nach aussen entfalten müsste, stösst es auf eine dichte undurchlässige Schicht chaotisierter Schwingungsstrukturen, die durch die rege Tätigkeit der darüberliegenden Stadt produziert werden. Das Erdchakra wird unter die Erdoberfläche gedrückt, die Ausgiessung seiner Kräfte verhindert.

Der Erdheilungsengel hat bei einer späteren Gelegenheit das planetare System der Yin-Zentren genauer beschrieben. Es handelt sich um einzelne Quellen, die jeweils in der Mitte durch eine vertikale Kraftsäule aus der Erdtiefe mit Yin-Kraft gespeist werden. Unter der Erdoberfläche breitet sich sphärenartig die tragende Struktur der Quelle aus. Ihre Sphäre erreicht tatsächlich das riesige Ausmass, das ich im Falle Brasilias wahrgenommen habe. Die eigentliche Quelle, aus der sich die weibliche Kraft über die Erde ergiesst, befindet sich in Form einer kleineren Sphäre in der Mitte und hat einen Durchmesser von 20-140 Metern. Die einzelnen Yin-Zentren, die über die gesamte Erdoberfläche verteilt sind, sind untereinander durch eine Art Kraftkanäle miteinander verbunden, sodass sie zusammen ein einheitliches Yin-System der Erde bilden. Diese Kanäle ermöglichen eine ständige Zirkulation der weiblichen Kraft um die Erde herum und dienen gleichzeitig als eine Art Kraftbeschleuniger. Leider, fügte Devos hinzu, ist das Yin-System der Erde und damit auch das Yin-Yang-Gleichgewicht gestört. Die Gründe dafür seien schon oft genug genannt worden.

Die letzte Bemerkung bezog sich auf die unzähligen lokalen Yin-Zentren, die zu den Yin-Yang-Systemen der einzelnen Orte, Städte oder Landschaften gehören, die ich in den letzten Jahren nach den Anweisungen des Erdheilungsengels in meinem Land und in den verschiedensten Bereichen Europas aufgesucht habe und deren Leidensursachen ich nachgegangen bin. Nicht selten kommt es vor, dass sie schon im Zuge der Patriarchalisierung der jungsteinzeitlichen Göttinkultur absichtlich und brutal zerstört wurden. Die patriarchale Kultur, die ihre Machtansprüche - nicht nur in der fernen Vergangenheit - aus der Kraft der Yang-Zentren herleitet, hat die weiblichen Orte oft zerstört, um die Kraft der Yang-Brennpunkte übermässig zu stärken. Da die Yin- und Yang-Quellen nach dem Prinzip des Gleichgewichts miteinander verkoppelt sind, ist es möglich, durch das Schwächen des weiblichen Pols den männlichen zu einer überproportionalen Tätigkeit anzuregen. Hinzu kommt, dass die 'Weichheit' und die allumfassende Fühligkeit der weiblichen Kräfte von der patriarchalischen Kultur schlecht gelitten bzw. als Ausdruck innerer Schwäche abgewertet werden. Das hat dazu geführt, dass die weiblichen Plätze, oft sogar unabsichtlich, als Plätze für Hinrichtungen oder andere Greueltaten ausgewählt wurden. Das führte unweigerlich zur Blockierung der entsprechenden Yin-Quellen.

Meine Schilderung der dramatischen Situation, die die weiblichen Systeme der Erde unter den Bedingungen der heutigen Zivilisation durchstehen müssen, möchte ich mit einer erfreulichen Erfahrung in Brasilia abschliessen. Es geht um einen riesigen, 80 km langen und bis zu 6 km breiten Stausee, der die Hauptstadt von drei Seiten umspült. Hier wurde der Fluss Paranda unter anderem auch zu Zwecken der Stromgewinnung gestaut und zusätzlich zum Sport- und Erholungsbereich erklärt. Als ich mich dem künstlichen See näherte, war ich wegen der schon geschilderten Erfahrungen mit anderen Stauseen höchst skeptisch eingestellt. Zu meiner Überraschung musste ich dann aber an mehreren Plätzen entlang des Sees feststellen, dass in diesem Falle eine aufbauende Wirkung von ihm ausgeht. Offensichtlich ist die riesige Wasserfläche mit ihrer Yin-Qualität fähig, die Übermacht der Yang-Kräfte, die die moderne Stadt in der Landschaft angehäuft hat, zumindest teilweise auszugleichen. Man sollte daraus lernen, dass ein Kraftphänomen in der Landschaft nie schlecht an sich ist, sondern immer im Netzwerk seiner Beziehungen betrachtet werden muss."

DIE STIFTUNG MATUTU

Als die Pioniere unserer Gemeinschaft in Matutu eintrafen, mit seinen Quellen und Wasserfällen eine Wiege kristallklaren Wassers,
wurde dieser Ort auch zur Wiege für eine soziale Initiative und für
menschliche Schaffenskraft. Gesucht wurde nach einem neuen
Verhältnis zur Natur, das über die ökologische Dimension hinaus-
gehend auch die emotionale, ästhetische und spirituelle Ebene mit
einschliessen sollte.

Diese Ebenen der Kommunikation mit den Naturreichen wurden
bald Teil des Lebens in der Gemeinschaft - durch das tägliche
Zusammenleben mit den Flüssen und Wäldern, mit den Tieren der
Wildnis, durch die landwirtschaftliche Tätigkeit und alte indianische
Traditionen, deren ritueller Gebrauch unsere Selbsterkenntnis wie
auch die Wahrnehmung der Umwelt und der Gruppe vertiefte.

Von dieser vielschichtigen Beziehung zur Natur und tief verbunden
mit höheren Zielen, dehnte sich das von der Gemeinschaft zu
schützende Gebiet immer weiter aus und umfasste immer mehr
Wälder, Quellen und sensible Ökosysteme im Hochlandbereich.
Heute ist das Naturreservat Matutu Ausdruck der tiefen inneren
Verbindung , die die Bewohner der Gemeinschaft miteinander und
mit dem Ort entwickelt haben. Die Ausdehnung auf heute etwa
3000 Hektar folgte im Laufe der Jahre dem Laufe des Wassers, von
den Quellen auf der Hochebene von Macieira bis an den Água-
Preta-Fluss in der Talsohle, wo die von Westen kommenden Bäche
von Matutu, die im Reservat entspringen, einmünden.

Die Menschen, die die Gemeinschaft begründeten, kamen zumeist
aus städtischen Gebieten und brachten die unterschiedlichsten
Fertigkeiten mit. Lehrer, Techniker, Künstler und therapeutisch
Tätige waren imstande, neue schöpferische und erzieherische
Aktivitäten zu verbinden mit den ländlichen Traditionen der ansässigen Bewohner, die das Naturreservoir von Matutu bis zum heutigen Tage mit Weisheit nutzten und erhielten.

Die Kênia-Schule ist die schönste Frucht dieser Verbindung von
Altem und Neuem. Kênia (1961-1994) war die erste Lehrerin, die
zusammen mit ihrem Mann Guilherme França die Gemeinschaft
gegründet hatte. Nach ersten Anfängen unter den Bäumen, mit

einer kleinen Gruppe von Kindern, wuchs die Schule mit ihnen, bekam neue Lehrer und ein geeignetes Gebäude. Heute, als Erwachsene, unterrichten einige der einstigen Schüler selbst und unterstützen nach Kräften die Arbeit. Die Schule steht allen offen und repräsentiert die Art des Lernens und konstruktiven Zusammenlebens, die die Mitglieder der Gemeinschaft pflegen. Zugleich ist die Schule der Bezugspunkt für alle übrigen Aktivitäten, die im Reservat entwickelt wurden.

Die von uns praktizierte Landwirtschaft folgt dem organischen Ansatz und dient der Selbsterhaltung, ergänzt durch Bienenzucht und extensive Forstwirtschaft. Diese Vorgehensweise verlagert den Schwerpunkt von finanziellen Interessen hin zum Ziel der Selbstversorgung und erkennt Essen, Wohnen, Bildung und Arbeit als grundlegende Werte an. So kann die wirtschaftliche Entwicklung auf verschiedenen Ebenen und in Übereinstimmung mit den Notwendigkeiten und Zielsetzungen der Gemeinschaft erfolgen. Die Handwerker und Künstler in Matutu fertigen Möbel und Gegenstände aus Baumresten, Webereien aus Naturfasern, Keramik, pflanzliche Kosmetika sowie therapeutische Mittel aus Heilpflanzen. In der nahe gelegenen Stadt Aiurucoa gibt es auch eine kleine Werkstatt zur Herstellung von Glasprismen mit ungewöhnlichem geometrischen Design. Mit Wasser gefüllt können sie zur Harmonisierung von Wohnräumen verwendet werden. Diese Produktionen haben neue Arbeitsplätze geschaffen, und zusätzliche Mitarbeiter sind gekommen. Neuerdings werden auch Besucher im Reservat aufgenommen. Die daraus fliessenden Einnahmen unterstützen den Schutz der Wälder vor Bränden und Wilderern sowie die Bildungsprogramme. Indem wir uns Gästen gegenüber öffnen, ergibt sich die Gelegenheit, andere Menschen in die Entwicklung der Gemeinschaft und der Landschaft des Reservates einzubeziehen. Wir können unsere Erfahrungen mit anderen teilen und demonstrieren, wie bewusste Naturerhaltung unmittelbar mit persönlichem Wachstum und einer höheren Lebensqualität in Verbindung steht.

Im Laufe der Jahre sind in unserer Gemeinschaft die erzieherischen, ökonomischen, ökologischen und sozialen Aspekte des Lebens zusammengeflossen, und so war die Gründung der Stiftung Matutu, einer Einrichtung ohne kommerzielle Ziele, nur eine Frage der Zeit. Das ermöglichte es uns, Projekte zur kulturellen und grundlegenden Entwicklung im Becken des Aiurucoa-Flusses, da, wo sich das Tal von Matutu befindet, voranzubringen und zuletzt auch im jüngst gegründeten bundesstaatlichen Park der Serra do Papagaio. Wir erhalten dabei u.a. die Unterstützung des Staatssekretariats für Umweltschutz, 1997 und 1998 erfolgte auch die Auszeichnung mit der Goldmedaille des Bürgerrechtspreises. Heute arbeitet die Stiftung mit verwandten Initiativen und Einzelpersonen in aller Welt zusammen.

Zweifellos war die Anwesenheit von Marko Pogačnik in Matutu einer der beglückendsten Momente dieses neuen Arbeitsabschnittes. Fast zwanzig Tage schufen und meisselten er und seine Frau Marika die Kosmogramme in jene Steine, die die Akupunkturnadeln für das Erdheilungsprojekt im Circuito das Águas darstellen sollten.

Bei diesem Besuch konnten wir ein wenig von seinen Kenntnissen aufnehmen, die wirklich visionär und übersinnlich gegründet sind. Uns wurden die Augen geöffnet für die lebendige Beziehung des Menschen mit dem Planeten Erde. Marko beschrieb uns die Elementarwesen, die Kraftlinien der Erde und den uralten Gedächtnisschatz von Matutu. Er erzählte uns auch von dem Trauma, das durch das Massaker an den Eingeborenen entstanden ist, und von dem Schmerz, der dadurch an diesen Ort gebunden ist. Gemeinsam führten wir die Arbeiten zur Erdheilung durch, so auch durch gemeinsames Singen. Auch an andere Orte konnten wir ihn begleiten, nach São Lourenço und Caxambu, und überall machte er uns durch seine aussergewöhnlichen Fähigkeiten der Wahrnehmung den Zustand und die Verletzungen sichtbar, die der Mensch der ursprünglich gesunden Natur an diesen Orten zugefügt hat.

Luiz Midéida
Matutu, 19. Juni 1999

(Der Text wurde leicht gekürzt und überarbeitet)

AUF DEN SPUREN VON MARKO POGAČNIK

Zu einem Zeitpunkt, da Brasilien die 500-Jahr-Feier seiner Entdeckung vorbereitet, ist dieses Buch ein wichtiger Beitrag für tiefgehende Überlegungen hinsichtlich unserer Identität und unserer Rolle in der Welt. Im Mittelpunkt des Buches steht das Lithopunkturprojekt, das 1998 im Gebiet des Circuito das Águas im Süden von Minas Gerais realisiert wurde. Schon seit 1995 kommt Marko Pogačnik jährlich nach Brasilien, um an verschiedenen Orten Erdheilungsseminare durchzuführen, u.a. in São Lourenço , Caxambu und Brasilia.

Mit Marko, dem zeitgenössischen Erforscher der Vielschichtigkeit unserer Erde, kann man ein anderes Brasilien entdecken. Ein wenig beschreibt er davon in dem vorliegenden Buch. Wir lernen mit Marko uns und die Welt mit anderen Augen zu betrachten und können auf diese Weise ganz neu Verletzungen und die Notwendigkeit von Rücksichtnahme entdecken. Doch wir lernen mit ihm auch, dass wir fähig sind, die damit verbundenen Aufgaben zu übernehmen und mitzuarbeiten an der Heilung der Erde. Wir erleben so eine andere Dimension in uns, und wir öffnen uns der Wirklichkeit dessen, was einen Menschen ausmacht. Denn ein Mensch ist mehr als nur ein Mensch, so wie ein Baum mehr ist als nur ein Baum. Und in einer Welt, in der Menschen und Bäume immer geringere Bedeutung zu haben scheinen, ist dies vielleicht die wichtigste Botschaft.

In das Lithopunkturprojekt des Cirquito das Águas sind vier Städte eingebunden - Cambuquira, Lambari, Caxambu und São Lourenço - sowie das Gebiet von Matutu im Bezirk Aiuruoca. Ich möchte hinzufügen, dass diese Städte über das von Marko durchgeführte Projekt hinaus auch anderweitiger Massnahmen bedürfen. Sie benötigen eine grundlegende Sanierung, die ihre Flüsse und Quellen vor der Umweltverschmutzung schützt, ein planerisches Vorgehen, das sie nicht zu einem weiteren der Grundstücksspekulation ausgelieferten Zentrum des Massentourismus macht, und sie brauchen grundsätzlich mehr liebevolle und sensible Zuwendung von allen Seiten. Dies braucht im übrigen ganz Brasilien. Möge dieses Buch etwas dazu beitragen, dass ein solches Verhalten zukünftig selbstverständlich wird. Auch São Tomé das Letras wird im Text als Teil des energetischen Systems im Cirquito das Águas erwähnt. Bisher war ein Besuch Markos in diesem Gebiet noch nicht möglich, das stark geschädigt ist von den Steinbrüchen, die die Stadt buchstäblich verschlingen. Ana und Marko haben, den Hinweisen des Erdheilungsengels Devos folgend,auf einer Landkarte die Orte bezeichnet, mit denen gearbeitet werden müsste. Darauf aufbauend habe ich die Arbeit, bei der Menschen aus der Umgebung und aus anderen Städten teilnahmen, auf São Tomé ausgeweitet. Ich hoffe wirklich, damit ein wenig zur Besserung der tragischen Lage dieser so wichtigen Stadt beitragen zu können.

Marko hebt die Rolle Brasiliens als Zentrum der weiblichen Spiritualität der Erde hervor und deutet hin auf die Weisheit des Alltagslebens als stärksten Ausdruck dieser Spiritualität. Ohne diese Weisheit geht viel verloren von der Lebensfreude und dem eigentlichen Sinn des Lebens. Zuletzt geht alles verloren, was, um wachsen zu können, gerade jener täglichen Aufmerksamkeit bedarf, jener täglichen Dosis liebevoller Zuwendung. Es gehen die Kinder verloren, die Bande, die die Dinge zusammenhalten, es verliert sich das Gefühl, Teilnehmer an einer gemeinsamen Sache zu sein, sei es eines Staates oder auch nur irgendeines kleinen gemeinsamen Vorhabens.

Ich glaube, dass die Hauptbotschaft des vorliegenden Buches zu finden ist in der Wiederbegegnung mit der Spiritualität dieses Landes, das Brasilien genannt wird. Möge diese Wiederbegegnung wirklich werden und sich täglich im Herzen eines jeden von uns erneuern und die Weisheit des Alltags mit sich bringen. Denn dies ist Markos Weg, sein täglicher Weg des offenen Herzens.

Franklin Frederick

HINWEISE

Die **Wasserparks** der Orte São Lourenço, Caxambu, Cambuquira und Lambari können in der Regel täglich besucht werden. Weitere Informationen sind über folgende Telefonnummern erhältlich:

Wasserpark São Lourenço - (0xx35) 332 - 3066
Wasserpark Caxambu - (0xx35) 341 - 1298
Der **Circuito das Águas** ist auch im Internet vertreten, einige Geduld bei der Suche zahlt sich aus.

Auch die Stiftung **Matutu** kann besucht werden. Interessierte können wie folgt Kontakt aufnehmen:

Telefon - (0xx35) 344 - 1340
e-mail - fundação@matutu.org.br
Postanschrift - Caixa Postal 11 - Aiuruoca-MG, CEP 37450-000
Brasilien
Internet - www.matutu.org.br

Franklin Frederick ist zu erreichen unter:
e-mail - curaraterra@painet.com.br

Weitere Informationen zur Arbeit von **Marko Pogačnik** und zum Thema **Geomantie** sind im Internet unter folgenden Adressen erhältlich:

> www.ipak.org/pogacnik
> www.arkanum.com/gaia
> www.geomantie.net
> www.hagia-chora.org
> www.qi-whiz.com

Von **Ana Pogačnik** ist folgendes Buch bei edition ecorna erschienen: **"LICHT DES HERZENS - BOTSCHAFTEN AUS DER ENGELWELT"**, ISBN 3-9806835-0-8, Ottersberg 1999, 142 S. zahlreiche Abb., DM 16.00.
Weitere Bücher sind bei edition ecorna in Vorbereitung.

HINWEISE zum Werk von Marko Pogačnik

Marko Pogačnik hat Bildhauerei an der Akademie der bildenden Künste in Ljubljana studiert und 1967 mit dem Diplom abgeschlossen. Er lebt mit seiner Familie in Sempas im slowenischen Vipavatal, nahe der italienischen Grenze. Von 1965 bis 1971 war er Mitglied der Gruppe OHO und wirkte im Bereich der Konzeptkunst und land-art. Ausstellungen in dieser Zeit u.a.: Museum für Moderne Kunst, Lubljana 1968; Triennale, Belgrad 1969; Museum of Modern Art, New York 1970; Biennale der jungen Künstler, Paris 1971.

1971 begründet er gemeinsam mit seiner Familie und Freunden die "Sempas-Familie", eine landwirtschaftlich und künstlerisch tätige Gemeinschaft, die bis 1979 existiert. Ausstellungen u.a.: Trigon, Graz 1977; Biennale, Venedig 1978.

Seit 1979 arbeitet Marko Pogačnik im Bereich der Erdheilung. Mitte der 80er Jahre wird die Lithopunktur als Methode entwickelt. Neben zahlreichen Projekten in Slowenien sind u.a. folgende Werke entstanden: Lithopunktur der Parklandschaften Türnich 1986-89 und Cappenberg 1988-92, beide in Deutschland;

Lithopunktur der Region beiderseits der westlichen Grenze zwischen Nordirland und der Republik Irland 1991-92, Orchard Gallery;

Lithopunktur des Stadtparkes von Murska Sobota 1993-94, Slowenien;

Lithopunktur der Stadt Villach 1995, Österreich;

Lithopunktur der Hundertwasser-Therme Blumau 1996, Österreich;

"Alpenstern" - grenzübergreifendes Lithopunkturprojekt 1997, Italien, Österreich, Slowenien und Deutschland;

Lithopunktur der Landschaft Cirquito das Águas im Bundesstaat Minas Gerais 1998, Brasilien;

Lithopunktur des schweizerischen Seelandes 1998-99, Schweiz;

Lithopunktur von Aachen 1999, Deutschland, Forum Ludwig;

Lithopunktur beiderseits der Grenze Kärntens 1999, Österreich und Slowenien, Galerie Falke.

1991 Gestaltung von Wappen und Flagge der Republik Slowenien.

Folgende Bücher sind in deutscher Sprache erschienen: Die Erde heilen-Das Modell Türnich (1989), Die Landschaft der Göttin (1992), Elementarwesen (1995), Schule der Geomantie (1996), Wege der Erdheilung (1997), Geheimnis Venedig (1997), Erdsysteme und Christuskraft (1998). Zahlreiche Übersetzungen der Bücher liegen vor.

NACHWORT

Die Erde heilen heisst zuerst sich selbst heilen.
Es regnete dicke Tropfen heissen Wassers. Sturzbäche kamen vom schwarzdunklen Himmel und ergossen sich über die Panorama- fenster des geräumigen Zimmers im Hotel Monte Pascoal Praia in Porto Seguro. Spät in der tropischen Nacht des 23. Novembers 1996 las Marko zum wiederholten Male mit seiner sensitiven Hand in den vier Evangelien. Es waren slowenische Verse, doch es erschien wie Blindenschrift für den Blinden, der ich damals war. Sprache und Schriftform verloren alle Bedeutung. Markos religiöses Wesen war horchend auf die authentischen Worte gerichtet, wie sie vor 2000 Jaren in Palästina gerade gesprochen wurden. Er befand sich in einem Zustand inniger Verbindung und konnte weit in längst vergan- gene Zeiten zurückgehen, viel tieferr, als es die Bibelforschung jemals vermag.

Ich bemerkte, dass er, indem er seiner Sensibilität vertraute, Zugang zum tiefen Inhalt einer grossen Tradition hatte. Ich sehe uns noch sitzen in der tropischen Feuchte dieses sich neigenden Jahres. Die Klimaanlage brachte nur wenig Abkühlung, und wir debattierten über die Existenz zweier Jesusknaben, über die Bedeutung der Templer für Brasilien und andere zeitlose Geheimnisse. Wir waren weit ent- rückt von Zeit und Raum wie in einer anderen Welt, vergleichbar einem biologischen Feld, das uns wiederverbunden hatte mit einer übermenschlichen Energie. Es war eine fremde und zugleich faszi- nierende reale Erfahrung.

Wer ist Marko? - Ein Mensch des Himmels und der Erde, der Verbindung und der Transzendenz, leidenschaftlich dem Leben zuge- tan. Für ihn ist die Erde ein Lebewesen, die Gaia, die leiden kann. Mein von der Biologie geprägtes Bewusstsein begann zu ahnen, dass es eine empfindsame Wirklichkeit gibt, die viel mehr umfasst als alle ökologischen Bemühungen. Von da an interessierte ich mich brennend für Markos Arbeit zur Wiederbelebung des Schlossparks von Türnich bei Köln Ende der 80er Jahre. Auf diesem Anwesen mit seinem herrlichen Park und den biologisch-dynamisch bewirtschafte- ten Gärten wurde ich vor zehn Jahren von beispelhaften Gastgebern empfangen, dem Grafen Godehard von und zu Hoensbroech und der Gräfin Marion. Dort machte ich erstmals Bekanntschaft mit dem aus- sergewöhnlichen Werk von Marko Pogačnik. Es ist so ungewöhnlich und souverän, dass es sicher einmalig in Europa ist, wenn nicht sogar weltweit. Es ist so individuell und zeugt von so grossem Können, dass ich lange fasziniert vor den an ausgewählten Plätzen errichteten Steinen verweilte, die mit Kosmogrammen verziert sind. In einige der Prinzipien der Geobiologie war ich Anfang der 80er Jahre durch die Arbeiten von Dr. Hartmann eingeführt worden. Meine linke, logisch und rational angelegte Gehirnhälfte musste dabei eine andere Dimension akzeptieren lernen, und zugleich öffnete sich meine rechte Gehirnhälfte mit ihren intuitiven und schöpferischen Möglichkeiten. Um mich Markos Werk nähern zu können, musste ich mich wandeln, musste mich veredeln wie ein guter Käse und reifen wie ein guter Wein. Ich musste eigene Wertvorstellungen umkehren, meine Sensibilität unermüdlich entwickeln, mich an anderen Regeln orientieren und meine Auffassung von Raum und Zeit überdenken, um überhaupt auf höhere Ebenen der Lebenswirklichkeit gelangen zu können. Für einen Biologen wie mich kam das einer mentalen Revolution gleich, einer psychisch-physischen Mutation, vergleichbar dem schmerzhaften Prozess, wenn ein Schmetterling seiner Larve entschlüpft.

Marko gleicht einem Schmetterling, gegründet in der Schlichtheit, Solidität und Weisheit der vier Elemente, aus denen die Materie geformt ist. Zum zweiten mal sah ich ihn am Ufer des Pampulha-Sees am Rande von Belo Horizonte im November 1997. Da stellte er vor hunderten von interessierten und engagierten Teilnehmern bei einer internationalen Konferenz zum Thema Wasser seinen ganz eigenständigen Ansatz vor, um die gestörte Ordnung im Ökosystem dieses Wasserreservoirs wiederherzustellen. Angeregt worden war ich durch meinen Freund Franklin Frederick und sein Talent, Begegnungen und Gespräche herbeizuführen. Meine Frau und ich erfreuten uns an Markos treffenden Beschreibungen, an der aus zahlreichen Experimenten erlangten Sicherheit, an seiner Ausstrahlung und Gewissheit, dass er die in sich erreichte Verbindung von Himmel und Erde auch um sich herum und in den Umkreis vermitteln kann.

Der Weg führte vom Schlosspark in Türnich zum Viereck der berühmten Thermalorte des Cirquito das Águas im brasilianischen Bundesstaat Minas Gerais im Jahre 1998. Zwischenstationen bildeten das vom Bürgerkrieg geprägte Grenzgebiet in Irland, die Städte Villach und Klagenfurt in Österreich, ein Kulturzentrum auf Teneriffa, das Projekt Alpenstern und andere mit viel Geschick realisierte

Projekte, die der Landschaftskünstler Marko belebt und verwandelt hat. Sein Wissen der modernen Geomantie macht handlungsfähig und ist objektiv. Niemand muss die Ergebnisse glauben, sie sind zu beobachten. Man wird sie wahrnehmen - wenn man es vermag, muss dabei aber ganz bescheiden bleiben. Zuerst fühlen, dann handeln und dann verstehen. Dieses Vorgehen akzeptiert kein Wissenschaftler, der erst denkt und Modelle bildet, bevor er bereit ist zu fühlen, sofern er es nicht grundsätzlich ablehnt, sich auf überraschende Abweichungen vom Gewohnten einzulassen.

Die Schlossherren, die die Weisheit besassen, Marko für das Lithopunkturprojekt einzuladen, bezeugen die erreichte Vitalität dieses Biotops: die Regeneration teils hundertjähriger Bäume, den Rückgang von Krankheiten durch Schädlinge, die grosse Vielfalt der Vegetation und Vogelwelt und die allgemeine Verjüngung der Natur. Dieses Ergebnis in Türnich bereits nach zwei Jahren ist nicht zu leugnen und erscheint wie ein Wunder. Was ebenso Anlass zum Staunen gibt, ist das völlig veränderte Verhalten der Parkbesucher, das Graf Godehard feststellen konnte. Vandalismus und Gewalt sind verschwunden, immer mehr Menschen kommen in den Park wegen seiner harmonisierenden und aufbauenden Wirkung und um zu gesunden. Dieser so wohltuende Effekt findet sich auch wieder in den Stadtlandschaften, deren Kraftzentren wiederentdeckt und wiederbelebt werden konnten. Den Orten ist ihre Gesundheit wiedergegeben als Voraussetzung für ein sinnvolles soziales Leben, sie sind wieder menschengemäss möchte ich sagen. Touristen fühlen sich stark angezogen, und wen könnte das mehr erfreuen als die politisch Verantwortlichen und Besitzer?

Diese makroskopischen Erscheinungen sind unübersehbar. Botaniker, Zoologen und Soziologen können sie objektiv beschreiben. Sie stehen in einem umfassenden Zusammenhang mit den an den richtigen Plätzen errichteten Steinen, die mit wunderschönen Kosmogrammen versehen sind und von Markos in mehr als dreissig Jahren entwickelten Sensibilität zeugen. Das Ökosystem war vergleichbar einem Menschen gestört und krank, es fehlte an Vitalität und Lebensqualität, es fehlte die vertikale Dimension, wie ich das gerne bezeichne. Blockaden sind aufgelöst worden, so würden es Therapeuten ausdrücken. Das ursprüngliche Gleichgewicht kann wieder eintreten als Ausdruck von Gesundheit und Wohlbefinden. Mit dem Platz gesundet alles, was er an Leben trägt und unterstützt.

Eine Lektion in grundlegenden Fragen. Unsere Umgebung, unseren Lebensraum begründen bedeutet, das Leben im Überfluss aufzunehmen. Faktoren wie die Verschmutzung der Luft, die Verseuchung von Wasser und Erde und Schädigungen durch technische Einrichtungen, die nicht den Gesetzen des Lebens entsprechen, schwächen den Menschen, führen zu Krankheiten und zum Tod. Es gibt kein pharmakologisches Mittel, das uns am Ende retten kann, keine Psychoanalsyse, und wenn sie noch so gut gemacht ist. Nur wir selbst können uns davor bewahren, dass wir unseren Gefühlsdruck, unsere Frustrationen und das Abgeschnittensein von der Natur und den anderen hervorrufen.

Wir werden mehr oder weniger dahinvegetieren und leben wie Zombies, aber nicht wie wirkliche Menschen, wenn sich nichts ändert. Brasilia, die Perle des rationalistischen Städtebaus der 50er Jahre habe ich Ende Juli 1996 bei einer Konferenz über das Wasser als Bioindikator für technische Einflüsse besucht - ist das ein Zufall? Ich kam auf Einladung von Paulo Romano, des sehr aktiven Ministers für Wasserressourcen, doch man liess mich mit meinem Durst allein. Alles hier ist geplant, durchdacht, funktional, strukturiert und aufgeteilt. Es fehlt der Massstab, alles wirkt kalt, auch die Esplanade, der Stolz aller Ministerien. Selbst das Licht der untergehenden Sonne kann nicht hinwegtäuschen über die Brutalität und Enttäuschung, die der Beton hervorruft. Versengte Rasenflächen ohne das kleinste Bäumchen wirken nicht sehr einladend auf Menschen. Alles ist lebensfeindlich, Fussgänger sind fehl am Platze, das Auto allgegenwärtig, der Fernsehturm hässlich. Kurz gesagt, trotz der gutgemeinten Erklärungen meiner Führer und der beruhigenden Nähe des Paranoa-Sees war und bleibt mein Eindruck der eines abweisenden und unbeseelten Ortes. Als Franzose, der gutes Essen liebt, möchte ich hinzufügen, es ist eine menschliche Wüste ohne Restaurants, die am Samstag geöffnet haben. Am Wochenende fliehen alle, es ist nicht zu vergleichen mit anderen Haupstädten, wo man sich erfreut und mit Freunden feiert.

Dieser Eindruck verstärkte sich im November 1996, als ich Marko hier erstmals traf, 10000 km von Paris entfernt. Wir mussten uns irgendwann begegnen, nachdem wir bereits im schweizerischen Seenland zusammenarbeiten wollten. Für ihn ist die Seele Brasilias und damit der weibliche Teil der Stadt tief verschüttet. Überall und besonders in Brasilia explodiert diese Kraft gewöhnlich an der

Oberfläche und wirkt im wahrsten Sinne anregend. Sie vitalisiert alles, was sie berührt. Alle profitieren davon, wenn auch unbewusst, alles wird positiv beeinflusst. Es musste etwas getan werden, um diese weibliche Seele zu wecken und ihr zu erlauben, den Beton zu durchbrechen. Zu meiner grossen Überraschung schlug Marko vor, mit einigen Freunden eine Arbeit zur Wiederharmonisierung an drei zentralen Orten von Brasilia durchzuführen, die er zuvor mit seiner äusserst sensiblen Hand auf einem Plan erfühlt hatte. Ritual gegen Funktionalismus, Inneres gegen Äusseres, ungewöhnliche Sensibilität gegen den gewohnten technischen Wahnsinn. Ein bisschen von alle dem bewegte mein Bewusstsein bei den Bewegungen und Lauten, bestimmt für unsere Schwesterseele, die Stadtbewohnerin, die eingeschläfert, vergessen und vergewaltigt worden war - warum nicht? Der Biologe fügt sich ein und lernt eine Form des Lebens kennen, die weniger materialisiert und dafür mehr ätherisch ist, immer gegenwärtig und handlungsfähig. Die Beobachtungen des Grafen Godehard bezeugen das ganz augenscheinlich.

Zum Glück grenzt der bundesstaatliche Bezirk von Brasilia im Nordosten an das berühmte 110 km² grosse Naturreservat der Águas Emendadas. Dieses grüne und von Gewässern durchzogene Gebiet wird eifersüchtig gehütet und ist ein einmaliges Phänomen, da das Wasser in zwei entgegengesetzten Becken abläuft, dem Parana im Süden und dem Tocantins im Norden, der sich dann mit der Aamazonasmündung vermischt. Dank der Vermittlung des jungen belgischen Ökologen Jean-François Timmers, der für die UNESCO arbeitet, hatte eine kleine Gruppe unter der Führung von Franklin Frederick Gelegenheit, in dieses jungfräuliche Gebiet zu gelangen. Es war bei Einbruch der Nacht, der Vollmond erhob sich über einer Landschaft, die von reinstem Wasser getränkt ist.

Die schlechten Eindrücke von Brasilia verflüchtigten sich augenblicklich in einer Umgebung voller Palmen mit verschiedensten Eigenschaften, reich an Quellen und aromatischen Düften, die mir als europäischem Stadtbewohner völlig unbekannt waren. In der Stille, bevölkert von den Geschöpfen dieses heiligen Ortes, waren wir verzaubert von den violetten Strahlen der untergehenden Wintersonne, dem gleichzeitig aufgehenden Mond und dem erhebenden Anblick des Kreuz des Südens am Himmel. Dieser unwirkliche Moment der intensiven Begegnung mit der Natur liess das Urweibliche in uns erwachen und öffnete tiefe Schichten unserer genetische Herkunft.

Wir waren unmittelbar verbunden mit dem Leben, das sich uns offenbarte als Gästen in einem urtümlichen Wald - und um uns herum Glühwürmchen, Kröten, Vögel, Tapire und Pumas.

Águas Emendadas, der beglückende und zurückhaltende weibliche Pol als notwendiges Gleichgewicht zum stolzen männlichen Element. Die Lithopunkturen von Marko tragen dazu bei, diese empfindliche Waage auszubalancieren. Seinem orginellen Ansatz räume ich in Brasilien grosse Chancen ein sich durchzusetzen. Auf vielen Studienreisen seit 1995 von São Paulo nach Fortaleza, von Rio nach Brasilia, von Bahia nach Belo Horizonte bin ich zahlreichen Politikern und Wissenschaftlern begegnet, die fasziniert waren von neuen und oft spektakulären Ergebnissen bei der Erforschung des Wassers. Ich habe ein bislang unbekanntes Forschungsthema gewählt, ich könnte aber auch sagen, die Umstände haben mich dazu geführt. Es war in Clermont-Ferrand, einer französischen Stadt zu Füssen der Vulkane der Auvergne, die bekannt ist durch den Reifenhersteller Michelin und zahlreiche Thermalquellen, wo ich begann, mich für gewisse bislang unbekannte Eigenschaften des Wassers zu interessieren. Das war in den Jahren von 1986 bis 1994 im Zentrum für Biophysik.

Wasser ist ganz intim und unzertrennlich verbunden mit dem Leben in allen seinen Erscheinungsformen: biologisch, sozial, wirtschaftlich, geistig und geheiligt. Und ich frage sogleich: welches Wasser? Es ist sicher überraschend, dass das kleine Molekül H_2O nicht in flüssigem Zustand, sondern nur im Dampf existiert. Im flüssigen Zustand bzw. in einer Wasserlösung ist das Wassermolekül mit sich selbst verbunden, mit allem, was aufgelöst ist in einem supramolekularen Gemisch. Diese "Kokons des Wassers" bestehen aus verschiedenen Teilchen und Formen je nachdem, wie sie aufgebaut sind. Sie beruhen auf der Verbindung durch eine ganz feine Energie. Diese zarten Verbindungen (Hydrogene) wechseln milliardenmal in der Sekunde. Der geschilderte vibrierende Zustand das Wassers ist fundamental, er bildet die Grundlage seiner Eigenschaften, und ich bezeichne das als seine "drei Körper":

der physischen Körper, repräsentiert durch den wässrigen Kokon als erstes Niveau der Organisation und natürliches Kleid aller biologischen Substanz,

der emotionale Körper oder die Struktur des Kokons als zweites Niveau, der die Rolle des Resonanzgebers spielt, der empfängt und sendet im Frequenzbereich der Mikrowellen, der subtile Körper als drittes Niveau der Kommunikation, was leicht zu veranschaulichen ist durch biomedizinische Experimente, z.B. durch die Kinesiologie oder die Bioresonanz nach Mora und Vega. Dadurch wird der Informationsaustausch über kurze Entfernungen und ohne physikalische Energien ermöglicht.

Die komplexe Form des Wassers als d e r universellen Flüssigkeit ist verbunden mit vielfältigen Funktionen. Das macht es zu einem ausgezeichneten Messinstrument nicht nur für elektromagnetische Phänomene (z.B. der Test mit geschnittenen Blumen, vorgestellt auf der Internationalen Wasserkonferenz im November 1997 und in "A água como vetor de informaçao" beschrieben), sondern auch für geogiologische und geomantische. Durch seine jeweilige innere Struktur (Ordnung oder Unordnung) dient Wasser als Bioindikator für den Zustand und die Einflüsse der Umwelt. Dies geschieht im Thermalwasser in grosser Ordnung durch natürliche Dynamisierung und auch in homöopathischen Verfahren, wo das Wasser wegen seiner therapeutischen Eigenschaften Verwendung findet.

Das, was ich in Frankreich am Wasser beobachtet habe, ist wirklich real. Meine einfachen Experimente können wiederholt werden mit allen ihren Aspekten und in allen Ländern der Erde. Sie führen stets zu vergleichbaren Ergebnissen, sodass man wird sagen müssen, sie sind objektiv. Ist es da nicht angebracht, die folgende Hypothese mit Blick auf die Wirkungen von Markos Lithopunkturverfahren zu formulieren?

Wasser hat dank der beschriebenen Strukturen seiner Kokons die Fähigkeit, mit feinen Veränderungen in der Umwelt in Resonanz zu gehen, sie aufzunehmen, zu erinnern und weiterzugeben an alle Formen des Lebens, an Pflanze, Tier und Mensch. Eine positive Veränderung der Umwelt wird einen positiven Effekt hervorrufen (Harmonisierung und Wohlbefinden) und grössere Vitalität sowohl leiblich als auch seelisch ermöglichen. Als Konsequenz erscheint es deshalb denkbar und wünschenswert, das Wasser mit seinen unermesslichen Eigenschaften mittels geeigneter und umfassender Methoden als d a s Mittel (v o r und n a c h einem Eingriff von Marko) einzusetzen, welches die erzielte Wirkung des Eingriffs, d.h. die Wiederherstellung der Ordnung in der Umgebung sichtbar und messbar machen kann.

An die Arbeit! - Freunde des Wassers, von den Quellnymphen bis zu den Gewässerkundlern, von den Sensitiven bis zu den Analytikern, von den Gläubigen bis zu den Skeptikern: fühlt, beobachtet, handelt! Das Wasser als unsere innere Mutter ist zugleich unsere äussere Mutter.

"Das, was sie suchen, kann in einer Rose oder in einem Wassertropfen gefunden werden" sagt der kleine Prinz (Saint Exupery, Der kleine Prinz, Kapitel 25). Sobald die Menschen das Wesen des Wassers erkannt haben werden, werden sie auch wissen, was eine Rose ist und was Leben ist. Himmel und Erde werden dann in guter Verbindung stehen, eins dem anderen treu und vereint. Die Botschaft von der christlichen Energie, die durch Marko wiederbelebt wird, eröffnet einen königlichen Weg. Lasst ihn uns gehen! Vielleicht sind wir eines Tages fähig, wiederum das Wunder der Hochzeit von Kanaa zu vollbringen.

Jean-Pierre Garel   Auriol/Provence, 28. August 1998

Forschungsdirektor des CNRS,
Biologe und Schriftsteller

Veröffentlichungen:
Die geobiologischen Strukturen (Les réseaux geobiologiques); in Zusammenarbeit mit Gilbert Fleck; Verlag Trois Fontaines/Jouvence, 5. Auflage 1998
Der Geschmack des Lebens (Le goût de la vie); Verlag Diamantel 1998
Gut zu essen, gut zu trinken (Bon à manger, Bon à boire); Verlag Claire de Terre 1999.

(Das Nachwort wurde aus dem Französischen übertragen und leicht überarbeitet).